中国国际经济交流中心基金课题

高质量发展文库

STUDY ON
COMPREHENSIVE EVALUATION OF BUILDING A WELL-OFF SOCIETY IN AN ALL-ROUND WAY

全面建成小康社会综合评估研究

任海平 沈家文 等/著

经济管理出版社
ECONOMY & MANAGEMENT PUBLISHING HOUSE

图书在版编目（CIP）数据

全面建成小康社会综合评估研究/任海平，沈家文等著. —北京：经济管理出版社，2020.4
ISBN 978-7-5096-6221-2

Ⅰ.①全… Ⅱ.①任… ②沈… Ⅲ.①小康建设—综合评价—研究—中国 Ⅳ.①F124.7

中国版本图书馆 CIP 数据核字（2019）第 244277 号

组稿编辑：宋　娜
责任编辑：宋　娜　张馨予　亓文琴
责任印制：黄章平
责任校对：张晓燕

出版发行：经济管理出版社
　　　　　（北京市海淀区北蜂窝 8 号中雅大厦 A 座 11 层　100038）
网　　址：www.E-mp.com.cn
电　　话：(010) 51915602
印　　刷：三河市延风印装有限公司
经　　销：新华书店
开　　本：720mm×1000mm /16
印　　张：13.75
字　　数：198 千字
版　　次：2020 年 7 月第 1 版　2020 年 7 月第 1 次印刷
书　　号：ISBN 978-7-5096-6221-2
定　　价：98.00 元

·版权所有　翻印必究·
凡购本社图书，如有印装错误，由本社读者服务部负责调换。
联系地址：北京阜外月坛北小街 2 号
电话：(010) 68022974　　邮编：100836

摘要 Summary

全面建成小康社会是党和政府作出的庄严承诺，2020年如何向全国人民和全世界宣告如期全面建成小康社会，将成为国内外高度关注的问题。对全面建成小康社会进行综合评估，引导全社会正确认识其内涵和目标，及时准确发现短板、难点和薄弱环节，提出针对性的政策建议，确保全面小康社会目标任务如期实现，为中央及各级地方研究部署小康社会之后的发展决策提供依据，提高党的方针政策的权威性和执行力。从基本概念、主要目标、重点任务、评判标准、底线思维等视角阐述了全面建成小康社会的科学内涵，系统论述了习近平总书记围绕全面建成小康社会提出的新理念、新思想、新战略。运用文献研究、数据分析、专家访谈、归纳总结等研究方法，将我国全面建成小康社会面临的突出问题和主要短板概括为"一个主要矛盾、三大攻坚问题、五个发展短板"九个方面。依据世界银行、联合国计划开发署等相关指标体系，选取高收入国家和中高收入国家与我国全面建成小康社会目标进行比较，为我国跨越"中等收入陷阱"提供借鉴。未来两年决胜全面建成小康社会任务繁重，提出了相关政策支持建议，解决发展不平衡问题，做好防范化解重大风险、精准脱贫、污染防治三大攻坚战，着力补短板，实现更高质量、更有效率、更加公平、更可持续的发展。

关键词：全面建成；小康社会；综合评估；政策建议

前言
Preface

经过40年快速发展，我国已由低收入国家迈入中上等收入国家行列，发展的物质技术基础显著增强，面临的矛盾和问题日益凸显。回顾"二战"结束以来的世界发展史，不少国家都从低收入阶段进入中等收入阶段，但是从中等收入阶段迈入高收入阶段的国家和地区只有韩国、新加坡等10多个经济体。作为世界第二大经济体和近年来对世界经济增长贡献最大的国家，中国能否如期实现既定目标是21世纪发展中国家能否实现跨越发展的重要标志，而且关系到世界经济的繁荣和稳定。无论发达国家还是发展中国家，对中国能否实现全面建成小康社会的预期目标都高度关注。到2020年向全社会宣告如期全面建成小康社会的宏伟目标，意义十分重大，这将进一步巩固党的执政地位，增强党的凝聚力和向心力，彰显社会主义制度的优越性和比较优势，坚定中国特色社会主义道路自信、理论自信、制度自信、文化自信，显著提高我国的国际地位和影响力。改革开放以来，从中央到各级地方相继提出过不同的小康目标要求，党中央、国务院各部门制定过各种不同的目标及指标体系。由于各地方发展基础不同、工作进展不同，有的地方早已达到或超过既定的目标，有的地方还有不小差距；有些部门提出的目标早已实现，有的难以完全实现。届时如何向全社会宣告全面小康社会实现的进展，如何引导全社会全面、正确理解小康社会的内涵和目标，都是需要及早研究的问题。做好这些工作，有利于统一全国人民的思想认识，形成举国一致的正能量。

从全国各地发展现状来看，仍有不少短板和薄弱环节，包括贫困人口脱贫、环境污染、"三农"问题等，各省市区也都有这样或那样一些短板和薄弱环节。通过对全国和各地方发展现状进行评估研究，能够准确发现短板、难点和薄弱环节，坚持问题导向，准确聚焦重点、难点，采取更加有针对性的工作部署和政策措施，促进既定目标任务的全面实现。为确保顺利实现全面小康社会，中央近些年适应国际国内新的形势变化，提出了一系列新的理念、新的任务、新的政策，制定了不少决议、规划，各级地方党委和政府也出台了许多决策、规划。通过进程评估，可以进一步推动新理念、新规划、新决策以及新任务和方针政策的有效贯彻执行，真正把党中央新的治党治国决策和重大任务落到实处。评估工作也是人民对党和政府工作的监督。通过评估，有利于促进各级党政干部进一步转变作风，提高党的方针政策的权威性和执行力。从国际经验看，发达国家多年来实行重大政策评估对经济社会的发展起到了重要作用。例如，欧盟自成立以来一直非常重视各项重大政策规划实施过程中的评估工作，形成了较为体系化的评估机制。我国至今尚未形成成熟的重大政策与规划评估机制，通过综合评估，将会有力地推动我国政策与规划评估机制的全面建立与逐步完善。

本书的主要特点体现在以下八个方面：一是从国家层面对全面建成小康社会进行综合评估。围绕党的历次代表大会提出的明确要求以及几个国民经济发展五年规划的目标，最主要的应是党的十六大、十七大、十八大，特别是党的十九大提出的全面建成小康社会新的目标要求，以及党的十八大以来历次党的中央全会提出的新目标、新任务和十二届全国人大三次会议通过的"十三五"规划设计的宏伟蓝图。注重评估经济社会发展的质量水平，注重评估人民群众的获得感和满意度。二是全面系统。充分体现全面小康，不仅是物质小康，而且是精神小康。覆盖的领域全面，经济、政治、文化、社会、生态五位一体全面进步的小康；覆盖的人口全面，惠及全体人民的小康；覆盖的区域全面，城乡区域共同发展的小康。三是方法科学，采取定性评估与定量评估相结合。评估指标体系全面简洁，在力求全面的基础上简化指标，以便为大众所熟知。评估标准科学统一，评估过程公开透明，内容、方法、流程都要向社会和媒体开放。充分发扬民主，广泛听取各类人群的意见。评估程序严谨规范，从数据采集汇总、整理分析、现场检查、审核复核到认定等建立规范流程，按程序、按标准开展评估。四是动态监测。密切跟踪国内外形势变化，根据需要适时适度调整重点任务、政策举措和保障机制，提高分析评估的及时性、全面性、准确性。主要根据全面建成小康社会的基本内涵和主要目标，以及数据的可得性、可比性、可持续性和普遍性等特点系统地综合评价和具体分析。五是科学设计评估指标体系。全面小康社会的目标是一个综合性的范畴内涵，用若干个方面指标来衡量，首先是反映经济发展和人民收入水平高低的指标，其次是反映居民生活质量的状况，最后是反映社会结构变化的指标，主要包括城乡结构、就业结构、社会阶层结构，高、中、低收入人口比例，贫富差距等。六是注重落实新发展理念。评估全面建成小康社会工作，充分体现与贯彻落实"五大新发展理念"有效结合。注重评估创新能力、创新活力和创新效果，注重评估区域协调发展、城乡协调发展、经济社会协调发展的水平，注重评估低碳循环发展、生态文明建设的程度，注重评估开放型经济的发展水平，注重评估基本公共服务均等化程度、发展成果共享程度。七是重视综合评估与专项评估相结合。既进行全面系统的综合评估，也对经济社会发展的一些重要方面开展专项评估，如资源环境评估、社会保障和民生评估等。八是重视定性分析与定量分析相结合。注重综合分析小康社会的景象特征，同时各方面的实现程度尽可能以数据为主。对现实数据进行全面、深入、系统的分析，充分运用大数据、网络调查等新方法进行评估，以准确直观地反映小康水平程度。

本书为中国国际经济交流中心基金课题"全面建成小康社会综合评估"的研究成果。课题负责人为中国国际经济交流中心常务副理事长魏礼群，课题组组长任海平，课题组副组长沈家文，课题组成员张永军、刘向东、李锋、李娣、王婧、郭迎锋。由于出版篇幅所限，编校过程中删去了研究报告中的部分章节。在此，向课题负责人魏礼群同志致以崇高敬意！对在研究、评审和出版过程中给予指导和帮助的领导、专家、同事、朋友们表示衷心感谢！

任海平　沈家文
2019年3月

目录 Contents

第一章　全面建成小康社会综合评估总纲 …… 1

第一节　全面建成小康社会综合评估的重要意义 …… 1
　一、有效引导全社会正确认识全面建成小康社会的内涵和目标 …… 2
　二、确保全面小康社会目标任务如期实现 …… 2
　三、衔接好"两个百年"重大战略 …… 3
　四、强化中央决策部署和方针政策落实 …… 3

第二节　全面建成小康社会的科学内涵 …… 4
　一、我们党关于小康社会重大论述的演变 …… 4
　二、全面建成小康社会的基本特征 …… 10
　三、全面建成小康社会的评判标准 …… 13
　四、廓清对全面建成小康社会的认识 …… 14

第三节　全面建成小康社会综合评估的指标体系与测算 …… 17
　一、全面建成小康社会综合评估的主要内容 …… 17
　二、全面建成小康社会综合评估的原则与方法 …… 19
　三、综合评估的指标设计与基本测算 …… 21
　四、综合测算评估的主要结论 …… 25
　五、全面建成小康社会的国际比较 …… 28

第四节　决胜全面建成小康社会面临的机遇与挑战 …… 32
　一、全面建成小康社会取得的成就 …… 32

二、决胜全面建成小康社会具备的有利条件 ……………… 35
　　三、决胜全面建成小康社会面临的困难和挑战 …………… 39
　第五节　决胜全面建成小康社会的重大举措建议 …………… 40
　第六节　第一个百年目标完成情况的基本表述 ……………… 42

第二章　全面建成小康社会的科学内涵与评价标准 …………… 45
　第一节　中央关于小康社会重大论述的演进 ………………… 45
　　一、改革开放初期把小康作为国家现代化建设的目标 ……… 45
　　二、党的十三大到十五大提出向小康目标迈进 …………… 47
　　三、党的十六大和十七大提出全面建设小康社会 ………… 49
　　四、党的十八大首次提出全面建成小康社会 ……………… 52
　　五、党的十九大系统论述全面建成小康社会 ……………… 54
　第二节　习近平总书记关于全面建成小康社会的重要论述 …… 60
　　一、全面建成小康社会的重大意义 ………………………… 60
　　二、全面建成小康社会与五大发展理念之间的内在联系 …… 62
　　三、全面建成小康社会是五位一体的全面发展和全面进步 … 63
　　四、全面建成小康社会要增强本领和抓落实 ……………… 68
　第三节　全面建成小康社会的核心要求和检验标准 ………… 70
　　一、全面建成小康社会最重要的是"全面" ………………… 70
　　二、全面建成小康社会的检验标准 ………………………… 76
　第四节　全面建成小康社会评价指标 ………………………… 79

第三章　全面建成小康社会发展现状分析 ……………………… 81
　第一节　经济平稳发展 ………………………………………… 81
　第二节　三大攻坚战取得成效 ………………………………… 85
　第三节　民主法治不断健全 …………………………………… 89
　第四节　文化建设成效显著 …………………………………… 90
　第五节　我国城市全面建成小康社会进展情况 ……………… 93

第四章 全面建成小康社会面临的突出问题和主要短板 …… 96

第一节 发展不平衡不充分矛盾凸显 …… 96
一、东西部区域经济发展水平差距明显 …… 97
二、城乡发展不平衡问题显著 …… 98
三、收入分配不均衡问题突出 …… 99
四、发展速度与质量、效益的不平衡 …… 99
五、农业现代化与新型工业化、信息化、城镇化的
不平衡 …… 100

第二节 西部贫困人口脱贫攻坚任务艰巨 …… 101
一、为数量巨大的农村贫困人口构建持续增收长效机制是
脱贫难点 …… 102
二、西部贫困地区是脱贫攻坚最突出的短板 …… 103
三、贫困地区的基础设施和生产服务严重滞后问题突出 …… 103
四、引导社会资本大规模进入中西部难度大 …… 104
五、脱贫攻坚存在"精神短板"问题 …… 105

第三节 金融领域处在风险易发高发期 …… 105
一、金融领域进入风险易发高发期 …… 106
二、高杠杆风险是当前最主要的金融风险 …… 107
三、金融风险主要体现为金融机构的自身风险 …… 108
四、金融体系的风险防范要高度关注房地产市场 …… 109
五、应对金融风险的体制机制建设滞后 …… 109

第四节 生态环境治理任务非常严峻 …… 110
一、生态资源环境指标距全面建成小康社会目标要求还有
较大差距 …… 110
二、生态环境问题解决不好将导致无法弥补的社会
福利损失 …… 111
三、亟待形成与全面小康社会相适应的绿色发展方式 …… 113

第五节　企业技术创新能力不足已成为亟待解决的重大短板 …… 114
　　一、企业创新成果的总体质量较差 …… 115
　　二、企业的创新主体地位没有形成 …… 116
　　三、创新型企业家群体亟须发展壮大 …… 117
　　四、企业的研发投入强度不足 …… 118

第六节　公共服务供给与需求结构矛盾是全面建成小康社会的
　　　　重大短板 …… 119
　　一、公共服务供给滞后于需求变化的结构性矛盾突出 …… 120
　　二、公共服务体系的体制机制改革相对滞后 …… 120
　　三、公共服务投入的力度不够 …… 121
　　四、我国养老保障体制面临人口老龄化的严峻挑战 …… 121
　　五、就业、教育、医疗、居住等民生保障问题凸显 …… 122

第七节　文化小康面临强基础、扩总量、促均衡的结构性
　　　　短板问题 …… 123
　　一、我国文化软实力与经济硬实力的结构关系失衡 …… 123
　　二、补齐东北和西部地区文化软实力短板任务艰巨 …… 124
　　三、公共文化服务体系不完善 …… 125

第八节　全面依法治国任务繁重艰巨 …… 125
　　一、法律的有效实施是全面依法治国的重点 …… 126
　　二、遏制公共权力滥用和公权腐败仍是难点 …… 127
　　三、推进基层民主政治建设面临诸多难题 …… 127
　　四、消除基层执法乱象仍然是全面推进依法治国的短板 …… 128

第九节　国家治理体系和治理能力现代化面临"制度机制"
　　　　短板 …… 128
　　一、国家治理体系和治理能力现代化水平有待
　　　　进一步提高 …… 128
　　二、我国市场经济体制机制改革力度有待加大 …… 129
　　三、城乡一体化机制有待完善 …… 130

四、国家治理方式难以适应社会形势的快速变化 …………… 131

　　五、政府"放管服"改革力度有待进一步加大 …………… 131

第五章　全面建成小康社会的国际比较 …………… 132

　第一节　全面建成小康社会的国际定位 …………… 132

　　一、当前我国人均收入水平的国际定位 …………… 133

　　二、全面建成小康社会人均收入水平的国际定位 …………… 134

　　三、从全面建成小康社会到跨越"中等收入陷阱" …………… 135

　　四、其他经济发展指标的国际比较 …………… 135

　第二节　世界银行的分类标准及国际比较 …………… 136

　　一、经济发展指标的国际比较 …………… 136

　　二、人民生活指标的国际比较 …………… 138

　第三节　联合国组织分类标准及国际比较 …………… 140

　　一、联合国粮食及农业组织分类标准及国际比较 …………… 140

　　二、联合国组织的人类发展指数标准及国际比较 …………… 141

　第四节　国家竞争力的国际比较 …………… 145

　第五节　全面建成小康社会国际比较的启示 …………… 148

　　一、通过国际比较正确理解小康社会 …………… 148

　　二、全面建成小康社会目标存在国际差距 …………… 148

　　三、中国与俄罗斯等五国经济发展模式的比较带来的
　　　　启示 …………… 149

　　四、如何跨越中等收入陷阱 …………… 150

　　五、全面建成小康社会的意义 …………… 151

第六章　新发展理念引领全面建成小康社会的案例调研 …………… 152

　第一节　A区全面建成小康社会的现状分析 …………… 152

　　一、A区概况 …………… 152

　　二、A区全面建成小康社会的主要成效 …………… 153

　　三、A区全面建成小康社会面临的重点问题 …………… 155

第二节 促进 A 区全面建成小康社会的经验启示 ………… 157
 一、加快发展现代产业集群 ……………………………… 157
 二、推动创新型生态城市建设 …………………………… 158
 三、全面提升城市经济开放度 …………………………… 160
 四、大力完善企业营商环境 ……………………………… 161
 五、积极贯彻实施乡村振兴战略 ………………………… 163
 六、全力推进民生保障事业发展 ………………………… 164

第七章 全面建成小康社会的政策建议 …………………… 167

第一节 做好防范化解重大风险、精准脱贫、污染防治三大
   攻坚战 ………………………………………………… 168
 一、精准脱贫攻坚战要求促进全民共享发展 …………… 168
 二、污染防治攻坚战要求推动生态文明建设 …………… 170
 三、防范重大风险攻坚战要求应对国内外各种挑战 …… 173

第二节 加大政策支持决胜全面建成小康社会 ……………… 175
 一、统筹区域协调发展战略促进东中西平衡发展 ……… 176
 二、加快缩小城乡区域居民收入差距 …………………… 179
 三、有序推进以人为中心的新型城镇化战略 …………… 184
 四、加快推进乡村振兴战略，建设美丽富裕新农村 …… 186
 五、着重防范进入中等收入陷阱风险 …………………… 187
 六、强化国际宏观协调，维护良好外部环境 …………… 188
 七、加强污染防治和生态环保，建设美丽中国 ………… 191
 八、引导全社会形成良好消费风尚 ……………………… 192

第三节 2020 年实现全面建成小康社会目标的表述建议 …… 193
 一、两个百年目标的表述建议 …………………………… 193
 二、全面建成小康社会目标完成的表述建议 …………… 194
 三、第二个百年目标计划表述建议 ……………………… 196

参考文献 …………………………………………………………… 198

第一章　全面建成小康社会综合评估总纲

习近平总书记在党的十九大报告中提出："从2019到2020年，是全面建成小康社会决胜期。要按照十六大、十七大、十八大提出的全面建成小康社会各项要求，紧扣我国社会主要矛盾变化，统筹推进经济建设、政治建设、文化建设、社会建设、生态文明建设，坚定实施科教兴国战略、人才强国战略、创新驱动发展战略、乡村振兴战略、区域协调发展战略、可持续发展战略、军民融合发展战略，突出抓重点、补短板、强弱项，特别是要坚决打好防范化解重大风险、精准脱贫、污染防治的攻坚战，使全面建成小康社会得到人民认可、经得起历史检验。"2020年我国将全面建成小康社会，承载着中华民族数千年的期盼，也是我们党对人民、对历史做出的庄严承诺和光荣使命。距2020年这个重大历史节点越来越近，届时如何向全国人民和全世界宣告我国全面建成的小康社会，已成为广大干部群众以及国际社会高度关注的问题，应预为之谋。既要做好宣传工作，也要做好届时宣布的研究。

第一节　全面建成小康社会综合评估的重要意义

经过40年的快速发展，我国已由低收入国家迈入中上等收入国家行列。一方面，发展的物质技术基础显著增强；另一方面，发展面临的矛盾和问题也日益凸显。回顾"二战"结束以来的世界发展史，不少国家都从低收入阶段进入中等收入阶段，但是从中等收入阶段迈入高收入阶段的国家和地区却只有韩国、新加坡等10多个经济体。作为世界第二大经济体和至少10多年来对世界经济增长贡献最大的国家，中国能否如期实现既定目标也是21世纪发展中国家能否实现跨越发展的重要标志，而且还关系到世界经济的繁荣和稳定。无论是发达国家，还是发展中国家，对中国能否实现全面建成小康社会的预期目标，都高度关注。

一、有效引导全社会正确认识全面建成小康社会的内涵和目标

到2020年向全社会宣告如期全面建成小康社会的宏伟目标，意义十分重大。这将进一步巩固党的执政地位，增强党的凝聚力和向心力，彰显社会主义制度的优越性和比较优势，坚定中国特色社会主义道路自信、理论自信、制度自信、文化自信，显著提高我国的国际地位和影响力。改革开放以来，从中央到各级地方都相继多次提出过不同的小康目标要求，党中央、国务院各部门也都制定过各种不同的目标及指标体系。由于各地方发展基础不同、工作进展不同，有的地方早已达到或超过既定的目标，有的地方可能还有不小差距；有些部门提出的目标早已实现，有的可能难以完全实现。届时如何向全社会宣告全面小康社会建设的进展，如何引导全社会全面、正确理解小康社会的内涵和目标，都是需要及早研究的问题。做好这些工作，有利于统一全国人民的思想认识，形成举国一致的正能量。

二、确保全面小康社会目标任务如期实现

2019~2020年，从全国各地发展现状来看，仍有不少短板和薄弱环节，包括贫困人口脱贫、环境污染、农村问题等，各省市区也都有这样或那样一些短板和薄弱环节。通过对全国和各地方发展现状进行评估研究，能够及时准确地发现短板、难点和薄弱环节，坚持问题导向，准确聚焦重点、难点，采取更加有针对性的工作部署和政策措施，从而促进既定目标任务的全面实现。

三、衔接好"两个百年"重大战略

从 2019 年到 2049 年的 30 年，是全面实现中华民族伟大复兴的中国梦的决定性阶段。全面建成小康社会具有"收官"和"新布局"承前启后的双重历史意义，既是我国现代化建设"第二步走"战略目标全面实现之时，又是"第三步走"战略起始之际，在很大程度上决定着未来二三十年中国发展的后劲是否足够强大，以及第二个百年奋斗目标能否顺利实现。对小康社会整体进程进行综合评估，有利于在认清已有进展的基础上，更好地研究部署全面建成小康社会之后的未来发展方向，为中央及各级地方适时提出新的目标任务决策提供依据。评估中总结成就和经验，找出问题和不足，可以为今后发展提供新的理论和决策支持，适时提出未来新发展阶段的战略思想、战略目标、战略任务、战略步骤和战略举措。

四、强化中央决策部署和方针政策落实

为确保顺利实现全面小康社会，中央近些年适应国际国内新的形势变化，提出了一系列新的理念、新的任务、新的政策，制定了不少决议、规划，各级地方党委和政府也出台了许多决策、规划。通过进程评估，可以进一步推动新理念、新规划、新决策以及新任务和方针政策的有效贯彻执行，真正把党中央新的治党治国决策和重大任务落到实处。评估工作也是人民对党和政府工作的监督。通过评估，有利于促进各级党政干部进一步转变作风，提高党的方针政策的权威性和执行力。

从国际经验看，发达国家多年来实行重大政策评估对经济社会的发展起到了重要作用。例如，欧盟自成立以来一直非常重视各项重大政策规划实施过程中的评估工作，形成了较为体系化的评估机制。我国至今尚未形成成熟的重大政策与规划评估机制，通过这次进程评估，将会有力地推动我国政策与规划评估机制的全面建立与逐步完善。

第二节　全面建成小康社会的科学内涵

一、我们党关于小康社会重大论述的演变

首次把"小康"引入中国社会主义现代化建设目标的是邓小平同志。他在1979年12月会见日本首相大平正芳时说："我们要实现的四个现代化，是中国式的四个现代化。我们的四个现代化的概念，不是像你们那样的现代化的概念，而是'小康之家'。到本世纪末，中国的四个现代化即使达到了某种目标，我们的国民生产总值人均水平也还是很低的。要达到第三世界中比较富裕一点的国家的水平，比如国民生产总值人均1000美元，也还得付出很大的努力。就算达到那样的水平，同西方来比，也还是落后的。所以，我只能说，中国到那时也还是一个小康的状态。"

1982年，党的十二大首次正式提出"小康"的概念，并将其确定为经济建设目标。十二大报告指出："从1981年到本世纪末的20年，我国经济建设总的奋斗目标是，在不断提高经济效益的前提下，力争使全国工农业的年总产值翻两番，即由1980年的7100亿元增加到2000年的28000亿元左右。实现了这个目标……整个国民经济的现代化过程将取得重大进展，城乡人民的收入将成倍增长，人民的物质文化生活可以达到小康水平。"报告还提出："通观全局，为实现上述经济发展目标，最重要的是要解决好农业问题，能源、交通问题和教育、科学问题。"从此，建设小康社会正式成为了我们党带领人民建设社会主义的一个阶段性目标。

1987年，党的十三大正式确立了我国社会主义现代化建设的"三步走"发展战略。即：第一步从1981~1990年，国民生产总值翻一番，解决人民温饱问题；第二步从1991年到20世纪末，国民生产总值再翻一番，人民生活达到小康水平；第三步到21世纪中叶，人均国民生产总值达到中等发达国家水平，人民生活比较富裕，基本实现现代化。十三大报告提出："最重要的是走好第二步。实现了第二步任务，我国现代化建设将取

得新的巨大进展：社会经济效益、劳动生产率和产品质量明显提高，国民生产总值和主要工农业产品产量大幅度增长，人均国民生产总值在世界上所占位次明显上升。工业主要领域在技术方面大体接近经济发达国家七十年代或八十年代初的水平，农业和其他产业部门的技术水平也将有较大提高。城镇和绝大部分农村普及初中教育，大城市基本普及高中和相当于高中的职业技术教育。人民群众将能过上比较殷实的小康生活。"报告还提出要着重解决好三个重要问题。一是把发展科学技术和教育事业放在首要位置，使经济建设转到依靠科技进步和提高劳动者素质的轨道上来。二是保持社会总需求和总供给基本平衡，合理调整和改造产业结构。三是进一步扩大对外开放的广度和深度，不断发展对外经济技术交流与合作。

1990年12月，党的十三届七中全会审议并通过的《中共中央关于制定国民经济和社会发展十年规划和"八五"计划的建议》对小康的内涵作了详细描述："所谓小康水平，是指在温饱的基础上，生活质量进一步提高，达到丰衣足食……"因此，小康是中国人用来衡量生活水平和生活质量的一个概念，是生活水平介于温饱和富裕之间的生活状态。用形象的话来说，就是温饱有余，富裕不足。

1992年，党的十四大提出向小康目标迈进的战略任务。报告提出，90年代我国经济的发展速度，原定为国民生产总值平均每年增长6%，现在从国际国内形势的发展情况来看，可以更快一些。根据初步测算，增长8%~9%是可能的，我们应该向这个目标前进。在提高质量、优化结构、增进效益的基础上努力实现这样的发展速度，到20世纪末我国国民经济整体素质和综合国力将迈上一个新的台阶。国民生产总值将超过原定比1980年翻两番的要求。主要工农业产品产量显著增加。产业结构和地区经济布局比较合理。科学技术和管理水平有较大提高，一批骨干企业接近或达到国际先进水平。人民生活由温饱进入小康。

1997年，党的十五大对小康目标和第三步目标进一步具体化。到21世纪的第一个十年，实现国民生产总值比2000年翻一番，使人民的小康生活更加宽裕，形成比较完善的社会主义市场经济体制；再经过十年的努力，到建党 100 周年时，使国民经济更加发展，各项制度更加完善；到中华人民共和国成立 100 周年时，基本上实现现代化，建成富强、民主、文明的社会主义国家。十五大还提出："建立比较完善的社会主义市场经济体制，保持国民经济持续快速健康发展，是必须解决好的两大课题。要坚持社会主义市场经济的改革方向，使改革在一些重大方面取得新的突破，并在优化经济结构、发展科学技术和提高对外开放水平等方面取得重大进展，真正走出一条速度较快、效益较好、整体素质不断提高的经济协调发展的路子。"

2002 年，党的十六大提出了更高水平的小康社会目标。十六大报告《全面建设小康社会，开创中国特色社会主义事业新局面》第一次将"小康社会"写入党代会的报告主题。报告指出，"我们胜利实现了现代化建设'三步走'战略的第一步、第二步目标，人民生活总体上达到小康水平"，"城乡居民收入稳步增长，城乡市场繁荣，商品供应充裕，居民生活质量提高，衣食住用行都有较大改善，社会保障体系建设成效明显"。报告还提出："我们要在本世纪头 20 年，集中力量，全面建设惠及十几亿人口的更高水平的小康社会，使经济更加发展、民主更加健全、科教更加进步、文化更加繁荣、社会更加和谐、人民生活更加殷实。"对"更高水平的小康社会"目标，报告进行了详细说明：一是在优化结构和提高效益的基础上，国内生产总值到 2020 年力争比 2000 年翻两番，综合国力和国际竞争力明显增强。基本实现工业化，建成完善的社会主义市场经济体制和更具活力、更加开放的经济体系。城镇人口的比重较大幅度提高，工农差别、城乡差别和地区差别扩大的趋势逐步扭转。社会保障体系比较健全，社会就业比较充分，家庭财产普遍增加，人民过上更加富足的生活。二是社会主义民主更加完善，社会主义法制更加完备，依法治国基本方略得到全面落实，人民的政治、经济和文化权益得到切实尊重和保障。基层民主更加健全，社会秩序良好，人民安居乐业。三是全民族的思想道德素质、科学文化素质和健康素质明显提高，形成比较完善的现代国民教育体系、科技和文化创新体系、全民健身和医疗卫生体系。人民享有接受良好教育的机会，基本普及高中阶段教育，消除文盲。形成全民学习、终身学习的学习型社会，促进人的全面发展。四是可持续发展能力不断增强，生态环境得到改善，资源利用效率显著提高，促进人与自然的和谐，推动整个社会走上生产发展、生活富裕、生态良好的文明发展道路。报告对全面建设小康社会的经济建设和经济体制改革、政治建设和政治体制改革、文化建设和文化体制改革、国防和军队建设等都进行了具体部署。

2007年，党的十七大报告《高举中国特色社会主义伟大旗帜，为夺取全面建设小康社会新胜利而奋斗》提出了实现全面建设小康社会奋斗目标的新要求。一是增强发展协调性，努力实现经济又好又快发展。转变发展方式取得重大进展，在优化结构、提高效益、降低消耗、保护环境的基础上，实现人均国内生产总值到2020年比2000年翻两番。社会主义市场经济体制更加完善。自主创新能力显著提高，科技进步对经济增长的贡献率大幅上升，进入创新型国家行列。居民消费率稳步提高，形成消费、投资、出口协调拉动的增长格局。城乡、区域协调互动发展机制和主体功能区布局基本形成。社会主义新农村建设取得重大进展。城镇人口比重明显增加。二是扩大社会主义民主，更好地保障人民权益和社会公平正义。公民政治参与有序扩大。依法治国基本方略深入落实，全社会法制观念进一步增强，法治政府建设取得新成效。基层民主制度更加完善。政府提供基本公共服务能力显著增强。三是加强文化建设，明显提高全民族文明素质。社会主义核心价值体系深入人心，良好思想道德风尚进一步弘扬。覆盖全社会的公共文化服务体系基本建立，文化产业占国民经济比重明显提高，国际竞争力显著增强，适应人民需要的文化产品更加丰富。四是加快发展社会事业，全面改善人民生活。现代国民教育体系更加完善，终身教育体系基本形成，全民受教育程度和创新人才培养水平明显提高。社会就业更加充分。覆盖城乡居民的社会保障体系基本建立，人人享有基本生活保障。合理有序的收入分配格局基本形成，中等收入者占多数，绝对贫困现象基本消除。人人享有基本医疗卫生服务。社会管理体系更加健全。五是建设生态文明，基本形成节约能源资源和保护生态环境的产业结构、增长方式、消费模式。循环经济形成较大规模，可再生能源比重显著上升。主要污染物排放得到有效控制，生态环境质量明显改善，生态文明观念在全社会牢固树立。

2012年，党的十八大报告《坚定不移沿着中国特色社会主义道路前进，为全面建成小康社会而奋斗》首次提出全面建成小康社会，并提出要在十六大、十七大确立的全面建设小康社会目标的基础上努力实现新的要求。一是经济持续健康发展。转变经济发展方式取得重大进展，在发展平衡性、协调性、可持续性明显增强的基础上，实现国内生产总值和城乡居民人均收入比2010年翻一番。科技进步对经济增长的贡献率大幅上升，进入创新型国家行列。工业化基本实现，信息化水平大幅提升，城镇化质量明显提高，农业现代化和社会主义新农村建设成效显著，区域协调发展机制基本形成。对外开放水平进一步提高，国际竞争力明显增强。二是人民民主不断扩大。民主制度更加完善，民主形式更加丰富，人民积极性、主动性、创造性进一步发挥。依法治国基本方略全面落实，法治政府基本建成，司法公信力不断提高，人权得到切实尊重和保障。三是文化软实力显著增强。社会主义核心价值体系深入人心，公民文明素质和社会文明程度明显提高。文化产品更加丰富，公共文化服务体系基本建成，文化产业成为国民经济支柱性产业，中华文化走出去迈出更大步伐，社会主义文化强国建设基础更加坚实。四是人民生活水平全面提高。基本公共服务均等化总体实现。全民受教育程度和创新人才培养水平明显提高，进入人才强国和人力资源强国行列，教育现代化基本实现。就业更加充分。收入分配差距缩小，中等收入群体持续扩大，扶贫对象大幅减少。社会保障全民覆盖，人人享有基本医疗卫生服务，住房保障体系基本形成，社会和谐稳定。五是资源节约型、环境友好型社会建设取得重大进展。主体功能区布局基本形成，资源循环利用体系初步建立。单位国内生产总值能源消耗和二氧化碳排放大幅下降，主要污染物排放总量显著减少。森林覆盖率提高，生态系统稳定性增强，人居环境明显改善。这一系列目标的提出，解决了人民群众最关心的问题，构建出全面建成小康社会的美好愿景。

2012年11月15日，当时刚刚当选中共中央总书记的习近平说，"我们的人民热爱生活，期盼有更好的教育、更稳定的工作、更满意的收入、更可靠的社会保障、更高水平的医疗卫生服务、更舒适的居住条件、更优美的环境"，"孩子们能成长得更好、工作得更好、生活得更好"。他用朴实的语言，道出了人民对小康社会的美好憧憬，是对全面小康蓝图的生动呈现。

2017年，党的十九大报告《决胜全面建成小康社会，夺取新时代中国特色社会主义伟大胜利》系统论述了全面建成小康社会的新要求。中国特色社会主义进入新时代，我国社会主要矛盾已经转化为人民日益增长的美好生活需要和不平衡不充分的发展之间的矛盾。必须坚持以人民为中心的发展思想，不断促进人的全面发展、全体人民共同富裕；明确中国特色社会主义事业总体布局是"五位一体"、战略布局是"四个全面"；明确全面深化改革总目标是完善和发展中国特色社会主义制度、推进国家治理体系和治理能力现代化；明确全面推进依法治国总目标是建设中国特色社会主义法治体系、建设社会主义法治国家。从2019年到2020年，是全面建成小康社会决胜期。要按照十六大、十七大、十八大提出的全面建成小康社会各项要求，紧扣我国社会主要矛盾变化，统筹推进经济建设、政治建设、文化建设、社会建设、生态文明建设，坚定实施科教兴国战略、人才强国战略、创新驱动发展战略、乡村振兴战略、区域协调发展战略、可持续发展战略、军民融合发展战略，突出抓重点、补短板、强弱项，特别是要坚决打好防范化解重大风险、精准脱贫、污染防治的攻坚战，使全面建成小康社会得到人民认可、经得起历史检验。

小康社会在我国作为发展目标概念，从提出到现在大致可划分为三个阶段。第一阶段，从小康社会提出到确定为国家战略。邓小平同志于1979年提出小康社会概念，党的十二大将小康社会作为主要奋斗目标及我国国民经济和社会发展的阶段性标志，党的十三大将小康社会上升为国家战略，列为"三步走"发展战略第二步目标。党的十四大、十五大对迈向小康社会目标不断具体化，提出了21世纪前50年的"新三步走"战略，在前20年实现小康社会。

第二阶段，全面建设小康社会。在人民生活总体达到小康水平的基础上，党的十六大提出全面建设小康社会的新目标，十七大进一步明确了实现全面建设小康社会奋斗目标的新要求。

第三阶段，全面建成小康社会。党的十八大在十六大、十七大确立的全面建设小康社会目标的基础上提出了"到2020年实现全面建成小康社会宏伟目标"，并进一步提出了涵盖经济建设、政治建设、文化建设、社会建设和生态文明建设"五位一体"的全面建成小康社会的总布局。十九大系统论述了新时代全面建成小康社会的新要求。

全面建成小康社会是我国成功跨越"中等收入国家陷阱"和实现中华民族伟大复兴的中国梦的必经阶段和必由之路，是我国现代化建设道路上承上启下的关键发展阶段。在"四个全面"战略布局中，全面建成小康社会是处于引领地位的战略目标。全面建成小康社会，核心在"全面"，是多领域的协同发展，是经济、政治、文化、社会、生态文明建设五位一体的全面小康，要着力实现创新、协调、绿色、开放、共享发展。综合评估小康社会，关键是深刻领会全面建成小康社会的科学内涵，明确全面建成小康社会的主要标志和重点任务，同时也要厘清相关认识，消除不正确的认识。

二、全面建成小康社会的基本特征

全面建成小康社会是指经济更加发展、民主更加健全、科教更加进步、文化更加繁荣、社会更加和谐、人民生活更加殷实。

习近平总书记指出，全面建成小康社会是"绝不能让一个少数民族、一个地区掉队，要让13亿中国人民共享全面小康的成果"；我们要建成的全面小康，就是要有"更好的教育、更稳定的工作、更满意的收入、更可靠的社会保障、更高水平的医疗卫生服务、更舒适的居住条件、更优美的环境"，是"国家物质力量和精神力量都增强，全国各族人民物质生活和精神生活都改善"的全面小康；是"干部清正、政府清廉、政治清明"的全面小康；是"望得见山、看得见水、记得住乡愁"的全面小康。具体来说，到建党一百年的时候，全面建成的小康社会将具有以下鲜明特点：

第一，经济社会各领域协同发展。习近平总书记在强调以经济建设为中心、进一步解放和发展社会生产力的同时，强调中国特色社会主义制度建设、国家治理体系的完善和治理能力的提高；强调我们不仅要在物质上强大丰富起来，也要在精神上强大丰富起来；强调全面推进经济、政治、文化、社会、生态建设，"促进现代化建设各个方面、各个环节相协调"。因此，全面建成的小康社会是经济建设、政治建设、文化建设、社会建设、生态文明建设"五位一体"协调发展的社会。既坚持以经济建设为中心，又全面推进政治、文化、社会、生态文明及其他各方面建设；既不断解放和发展社会生产力，又逐步实现全体人民共同富裕、促进人的全面发展。全面建成的小康社会，是一个让广大人民群众共享改革发展成果的社会，其所覆盖的人群、涉及的地域是全面的，是包括老少边穷地区在内的所有地区，不让任何一个人、一个阶层、一个民族掉队的全面小康。

第二，经济发展质量和效益得到全面提高。全面建成的小康社会经济持续健康发展，包括转变经济发展方式取得重大进展，工业化基本实现，信息化水平大幅度提升，城镇化质量明显提高，农业现代化和乡村振兴战略成效显著，区域协调发展机制基本形成。经济发展进入新常态，必须通过科学的宏观调控把增长速度保持在合理区间，同时更加注重经济增长的质量。在整个社会经济持续健康发展的情况下，通过产业接替、结构转型升级，缩小区域间的发展差距。全面建成小康社会，不但要有实体经济的发展，还要有服务业的发展；不但要有城市建设的提质发展，还要有农村和中小城镇的提质发展；不但要拉动城乡居民的生活消费，还要拉动城乡居民的文化消费；不但要有民生投入和公共服务投入，还要有社会建设与治理的投入；不但要有资源开发性投入，还要有环境保护性投入；等等。

第三，社会基本结构不断完善。全面建成小康社会，是我国在社会主义初级阶段经济社会发展达到一定高度、发展发育到一定历史阶段时的产物，是一个包含内容极为丰富的社会系统。全面建成小康社会是在生产力进一步解放和发展的基础上，社会内部经济、政治、文化结构发育更为成熟，各方面制度更加完善定型的社会，是把一个低水平的、不全面的、发展不平衡的小康社会转变为水平更高，发展平衡性、协调性、可持续性更强的小康社会。实现全面建成小康社会，就是要实现"国家富强、民族振兴、人民幸福"，是"实现中华民族伟大复兴中国梦的关键一步"。全面建成小康社会，既是我国社会主义经济、政治、文化、社会基本结构形式发展发育所达到的一个历史新高度，也是这个社会结构形式不断向前历史性推进的一个新过程。

第四，人与自然的关系趋于和谐。人与自然的关系是人类社会最基本且有着特殊因果的关系。全面建成小康社会，包含着正确处理好人与自然的关系。党的十八大把生态文明建设作为国家战略，纳入全面建成小康社会的总体布局，明确提出建设"美丽中国"的宏伟目标。习近平总书记站在人类生态文明发展的战略高度，强调生态环境建设关系国家形象和人民生命生活切身利益，强调既要金山银山，又要绿水青山，绿水青山也是金山银山。要像保护眼睛一样保护生态环境，像对待生命一样对待生态环境。这一系列重要论述，丰富了马克思主义生态观，在实践中也必将推进我国全面建成小康社会健康顺利发展。

第五，促进社会全面进步和人的全面发展。全面建成的小康社会，包括提高人的健康素质、科学知识技能素质、精神文化素质以及对真善美追求的心灵审美素养，等等。全面建成小康社会是一个见物又见人、见人见精神、有崇高灵魂和追求的社会，它既是人民群众自身创造的结果，也是人的自我完善提高的过程。

第六，中华民族精神得到极大弘扬。核心价值观承载着一个民族、一个国家的精神追求，体现着一个社会评判是非曲直的价值标准，是一个民族、一个国家最持久、最深层的力量。全面建成的小康社会，是以爱国主义为核心的民族精神和以改革创新为核心的时代精神得到弘扬的社会，特别是培育和造就了一代又一代社会主义新人的社会,实现了以文化人、以文育人的精神"高峰"。

三、全面建成小康社会的评判标准

坚持新发展理念。发展是解决我国一切问题的基础和关键,发展必须是科学发展,必须坚定不移贯彻创新、协调、绿色、开放、共享的发展理念。必须坚持和完善我国社会主义基本经济制度和分配制度,毫不动摇巩固和发展公有制经济,毫不动摇鼓励、支持、引导非公有制经济发展,使市场在资源配置中起决定性作用,更好发挥政府作用,推动新型工业化、信息化、城镇化、农业现代化同步发展,主动参与和推动经济全球化进程,发展更高层次的开放型经济,不断壮大我国经济实力和综合国力。

坚持人民当家做主。坚持党的领导、人民当家做主、依法治国有机统一是社会主义政治发展的必然要求。必须坚持中国特色社会主义政治发展道路,坚持和完善人民代表大会制度、中国共产党领导的多党合作和政治协商制度、民族区域自治制度、基层群众自治制度,巩固和发展最广泛的爱国统一战线,发展社会主义协商民主,健全民主制度,丰富民主形式,拓宽民主渠道,保证人民当家做主落实到国家政治生活和社会生活之中。

坚持全面依法治国。全面依法治国是中国特色社会主义的本质要求和重要保障。必须把党的领导贯彻落实到依法治国全过程和各方面,坚定不移走中国特色社会主义法治道路,完善以宪法为核心的中国特色社会主义法律体系,建设中国特色社会主义法治体系,建设社会主义法治国家,发展中国特色社会主义法治理论,坚持依法治国、依法执政、依法行政共同推进,坚持法治国家、法治政府、法治社会一体建设,坚持依法治国和以德治国相结合,依法治国和依规治党有机统一,深化司法体制改革,提高全民族法治素养和道德素质。

坚持社会主义核心价值体系。文化自信是一个国家、一个民族发展中更基本、更深沉、更持久的力量。必须坚持马克思主义,牢固树立共产主义远大理想和中国特色社会主义共同理想,培育和践行社会主义核心价值观，不断增强意识形态领域主导权和话语权，推动中华优秀传统文化创造性转化、创新性发展，继承革命文化，发展社会主义先进文化，不忘本来、吸收外来、面向未来，更好构筑中国精神、中国价值、中国力量，为人民提供精神指引。

坚持在发展中保障和改善民生。增进民生福祉是发展的根本目的。必须多谋民生之利、多解民生之忧，在发展中补齐民生短板、促进社会公平正义，在幼有所育、学有所教、劳有所得、病有所医、老有所养、住有所居、弱有所扶上不断取得新进展，深入开展脱贫攻坚，保证全体人民在共建共享发展中有更多获得感，不断促进人的全面发展、全体人民共同富裕。建设平安中国，加强和创新社会治理，维护社会和谐稳定，确保国家长治久安、人民安居乐业。

坚持人与自然和谐共生。建设生态文明是中华民族永续发展的千年大计。必须树立和践行绿水青山就是金山银山的理念，坚持节约资源和保护环境的基本国策，像对待生命一样对待生态环境，统筹山水林田湖草系统治理，实行最严格的生态环境保护制度，形成绿色发展方式和生活方式，坚定走生产发展、生活富裕、生态良好的文明发展道路，建设美丽中国，为人民创造良好生产生活环境，为全球生态安全做出贡献。

四、廓清对全面建成小康社会的认识

1. 总体小康与全面小康的内涵、联系与区别

小康有微观个体与宏观总体之分，前者为小康之家，后者为小康社会。小康之家可能自古有之，只是在人类的大部分时间内，能过上小康生活的家庭只占少数。中央提出的"小康"自然不是微观个体层面上的小康之家，而是宏观总体层面上的小康社会。按照生活水平由低到高，可以划分为几个不同的阶段，小康仅是其中的一个阶段，它以温饱的终点（即温饱与小康的交点）为起点（即贫困线），而以富裕的起点（即小康与富裕的交点）为终点。由此可见，即便同处于小康阶段，但仍可能存在生活水平上的差别。

总体小康与全面小康是宏观层面上的两个概念，是微观家庭层面上的"小康之家"在宏观层面上的拓展。总体小康指社会平均生活水平已经越过温饱阶段，跨入小康生活的门槛。但由于平均数掩盖下的贫困现象，这时可能只有一部分人跨入小康生活的门槛，另一部分人仍处在温饱甚至绝对贫困阶段。因此，党的十六大报告指出：中国实现的总体小康是低水平的、发展不平衡的、不全面的小康。贫富差距只能缩小，不能消除，任何社会都会有穷人与富人，让所有社会成员都能过上小康生活是不太现实的。因此，全面小康绝不意味着所有的社会成员都能过上小康水准的生活，而是指绝大部分家庭与个人都达到小康生活水平。

总体小康与全面小康是宏观层面的两个概念，均被用来描述民众的生活水平。从总体小康到全面小康的发展演变过程，是一个努力消除贫困，使达到小康生活水准的人数增多、比例提高的过程。因此，可以把总体小康理解为小康社会的初级阶段，而把全面小康理解为小康社会的高级阶段。简单地说，全面建设小康社会，就是没有解决温饱的要尽快解决温饱；温饱不巩固的，要巩固温饱；温饱解决了的，要向小康前进，变成一种全面的小康。

总体小康与全面小康的区别不在于收入或消费量上的差别，而在于小康人口覆盖面的差别。总体小康指社会平均生活水平已经越过温饱阶段，跨入小康生活水平的门槛。社会平均生活水平的最大局限在于会掩盖其中个体间的差异，尤其当个体间差别较大、贫富悬殊时，更是如此。当家庭间生活水平差异较大时，存在着平均数掩盖下的贫困现象。因此，总体小康并不意味着绝大部分家庭的生活都达到了小康生活水准。然而全面小康指绝大部分家庭与个人都达到小康生活水平，未能过上小康生活的家庭与人口占绝对少数。

2. 全面建成小康社会并不意味着没有低收入人口和处于温饱状态的人口

党的十九大要求坚决打赢脱贫攻坚战，让贫困人口和贫困地区同全国一道进入全面小康社会，确保到2020年我国现行标准下农村贫困人口实现脱贫，贫困县全部摘帽，解决区域性整体贫困，做到脱真贫、真脱贫。但是，任何一个社会都存在着低收入群体，不可能全社会都是中等收入群体和高收入群体，因为收入高低是相对而言的，没有低收入群体，就不会有高收入群体。因此，我们要大力发展社会生产力，加大扶贫力度，让更多贫困人口尽快脱贫，让更多温饱人口进入小康，即使只有少量的低收入人口，其生活水平也需要大幅度提高。

3. 全面建成小康社会不会改变我国处于社会主义初级阶段的基本国情

我国的生产力发展水平，特别是在科学技术领域与发达国家仍存在较大差距，人均国内生产总值仍低于世界平均水平。各个地区之间、城乡之间发展依然不平衡，我国作为世界上最大的发展中国家的地位尚未改变。习近平总书记强调指出，社会主义初级阶段是当代中国的最大国情、最大实际。我们在任何情况下都要牢牢把握这个最大国情，推进任何方面的改革发展都要牢牢立足这个最大实际。不仅在经济建设中要始终立足初级阶段，而且在政治建设、文化建设、社会建设、生态文明建设中也要始终牢记初级阶段；不仅在经济总量低时要立足初级阶段，而且在经济总量提高后仍然要牢记初级阶段；不仅在谋划长远发展时要立足初级阶段，而且在日常工作中也要牢记初级阶段。这就决定了我们的根本任务是集中力量发展社会生产力，始终坚持以经济建设为中心不动摇，牢牢把握发展是解决中国所有问题的关键。

4. 保持经济中高速增长也能实现全面建成小康社会的目标

我国经济发展进入新常态，既是国民经济运行的客观规律，也是对先前过高经济增长速度带来的负面影响的主动应对。目前我国保持7%左右的经济增长率，完全可以实现全面建成小康社会的目标。但也要清醒地看到，我国人口众多，人均国内生产总值比较低，经济增长质量不高，高投入、高消耗、高浪费、低效率的问题依然突出，经济结构不合理，城镇化率比较低，城镇化质量有待进一步提高，发展方式粗放，环境恶化问题没有得到有效遏制。我们必须通过科学的宏观调控把增长速度保持在合理区间，同时更加注重经济增长质量，这是全面建成小康社会的客观要求。

第三节　全面建成小康社会综合评估的指标体系与测算

一、全面建成小康社会综合评估的主要内容

全面建成小康社会综合评估的指导思想是，以习近平新时代中国特色社会主义思想为引领，全面推进"五位一体"建设，协调推动"四个全面"战略布局，贯彻落实"五大发展理念"，通过开展综合评估，全面对照已提出的目标、任务，总结检查实施情况，发现问题，找出短板，及时采取针对性措施，改进工作，确保既定的目标任务圆满实现。从全国来看，既定的目标任务主要应是党的十六大、十七大、十八大，特别是十九大提出的全面建成小康社会新的目标要求，以及党的十八大以来历次党的中央全会提出的新目标、新任务和十二届全国人大三次会议通过的"十三五"规划的目标和任务。

1. 评估经济发展的状况

围绕树立和落实新发展理念，推进供给侧结构性改革，实现经济持续健康发展，到2020年国内生产总值和城乡居民人均收入比2010年翻一番的目标，对经济发展的动力、速度、总量、结构、质量进行全面评估。注重评估转变经济发展方式、创新推动成效是否显著，发展的平衡性、协调性、可持续性是否显著增强，发展质量和效益是否不断提高。重点评估能否进入创新型国家行列，科技进步对经济增长的贡献率，创新驱动的成效和创新型社会的发展程度，自主创新能力的增强以及重点领域和关键环节核心技术取得突破的状况，工业化、信息化、城镇化的进程与质量，产业迈向中高端的水平等。

2. 评估人民民主扩大的状况

围绕在党的领导下，发展更加广泛、更加充分、更加健全的人民民主，不仅要评估民主制度完善程度、民主形式丰富程度，人民积极性、主动性、创造性不断发挥的状况，而且要评估法治在国家治理和社会管理中

的作用，国家法制统一、尊严、权威的状况，依法治国基本方略全面落实情况，法治政府建设情况，司法公信力水平，尊重和保障人权、有效保护产权的状况。还要评估政府提供基本公共服务的能力是否显著增强。

3. 评估文化软实力增强的状况

不仅要评估建设社会主义文化强国的进展，社会主义核心价值体系建设成效，公民文明素质和社会文明程度的提高情况，而且要评估文化产品丰富、公共文化服务体系建设，以及中华文化"走出去"的情况。还要评估文化管理体制和文化生产经营机制、现代文化市场体系的状况。

4. 评估社会发展和人民生活提高的状况

要评估和谐、平安、诚信、健康、幸福社会建设的进展，人民生活水平和质量是否提高，公共服务体系是否更加健全，基本公共服务均等化水平是否稳步提高。教育现代化是否取得重要进展，全民受教育程度和创新人才培育水平是否明显提高。评估居民收入增长和经济发展是否同步。评估收入分配差距缩小状况，中等收入人口比重是否上升，特别是脱贫攻坚的成效的状况，农村贫困人口实现脱贫、贫困县全部摘帽、区域性整体贫困得到解决的程度。评估全面建成覆盖城乡居民的社会保障体系的程度。还要评估人人享有基本医疗卫生服务的状况，住房保障体系基本形成。

5. 评估资源节约型、环境友好型社会建设状况

更加注重生态文明建设，并将其作为约束性目标，加大这方面的权重。因此，重点评估国土空间开发格局，主体功能区布局，资源循环利用体系。评估单位国内生产总值能源消耗和二氧化碳排放，主要污染物排放总量；评估实施工业污染源全面达标排放计划的情况，重点环境污染治理的进展。评估森林覆盖率，生态系统稳定性，人居环境。评估生产方式和生活方式绿色、低碳水平，能源资源开发利用效率，能源和水资源消耗、建设用地、碳排放总量的控制。还要评估生态文明制度建设，国土空间开发、资源节约、生态环境保护体制机制的状况。

6. 评估全面建成小康社会进程中的薄弱环节和突出短板改变的状况

全面建成小康社会的要义是"全面覆盖"，是"全面发展"、没有明显

短板的小康。全面建成小康社会重点要在找准与解决薄弱环节和短板上下功夫，突出解决好社会建设、社会治理和民生改善方面的短板。低收入群体是个短板，农村贫困人口和民族地区脱贫是最突出的短板。还要重点评估农村建设和环境整治情况，提出加强薄弱环节和突出短板的要求。近年来，党中央高度重视解决这些"短板"问题，要切实落实各项政策措施并加大工作力度。

7. 评估全面深化体制改革的状况

到2020年，构建系统完备、科学规范、运行有效的制度体系，使各方面制度更加成熟、更加定型，这是党的十四大以来历次党代表大会都重申的改革目标。党的十八大和十九大以后加大了改革的力度。应重点评估完善社会主义市场经济体制目标体系的建设状况以及与之相适应的政治、文化、社会、生态建设体制改革的进展状况，特别是要将出台的各项改革任务和政策措施落实到位。

二、全面建成小康社会综合评估的原则与方法

1. 综合评估的基本原则

全面系统。充分体现全面小康不仅是物质的小康，而且是精神的小康。覆盖的领域要全面，是经济、政治、文化、社会、生态五位一体全面进步的小康；覆盖的人口要全面，是惠及全体人民的小康；覆盖的区域要全面，是城乡区域共同发展的小康。既要坚持以经济建设为中心，又要全面推进政治、文化、社会、生态文明及其他各方面建设；既要不断解放和发展社会生产力，又要逐步实现全体人民共同富裕、促进人的全面发展。

实事求是。坚持从实际出发，全国和各地既要坚持既定目标水准，又不能只用一个尺度，要因地制宜，不搞一刀切。要根据不同区域已设定的发展目标，充分考虑各地的历史和现实情况，考虑东中西部以及民族地区、贫困地区，大中小城市、农村的区别和差异性，不能把相关指标简单地套用到各级地方与各方面，应如实反映各方面、各地方实际进程。当前，对于东部沿海的经济发达地区与"北上广"这样的城市和地区而言，

全面建成小康社会的一些基本指标已提前完成。但对于中西部地区尤其是这些地区的农村来说，"达标"的任务还很重、时间很紧迫。就是沿海发达地区与"北上广"这些城市和地区，内部也有发展不平衡的方面，也有一些短板和薄弱环节。

方法科学。采取定性评估与定量评估相结合。评估指标体系要全面简洁，在力求全面的基础上尽可能简化指标，以便为大众所熟知。评估标准要科学统一，对同一指标的名词解释、口径范围、计算方法的理解和执行要明确一致。评估过程要公开透明，内容、方法、流程都要向社会和媒体开放。特别要充分发扬民主，广泛听取各类人群的意见。评估程序要严谨规范，从数据采集汇总、整理分析、现场检查、审核复核到认定等建立规范流程，严格按程序按标准开展评估。

动态监测。密切跟踪国内外形势变化，根据需要适时适度调整重点任务、政策举措和保障机制，提高分析评估的及时性、全面性、准确性。

2. 综合评估的基本方法

评估的方法主要根据全面建成小康社会的基本内涵和主要目标，以及数据的可得性、可比性、可持续性和普遍性等特点，进行系统的综合评价和具体分析。

科学设计评估指标体系。全面小康社会的目标是一个综合性的范畴内涵，要用若干个方面指标来衡量。首先，反映经济发展和人民收入水平高低的指标，人均GDP和人均收入是最综合、最重要的指标。其次，反映居民生活质量的状况，恩格尔系数是常用指标。最后，反映社会结构变化的指标，主要包括城乡结构、就业结构、社会阶层结构，高、中、低收入人口比例，基尼系数，贫富差距等。

全面小康不是指所有方面，更不是所有人都整齐划一地达到同一小康水平，也不是简单地用"平均"水平衡量全国或一个省、市、县、乡的实际状况，可以理解为"有底线，不封顶"。所谓"有底线"，是指到2020年，所有领域、地区、人群全部要达到一定的目标，如农村贫困人口要全部脱贫、生态环境质量总体改善等；"不封顶"，是指有些领域、地区和人群现在已经实现甚至超越了全面小康的目标要求,进入了"后小康时代",要鼓励支持他们继续向更高的目标前进。

注重落实新发展理念。要充分体现与贯彻落实"五大新发展理念"。注重评估创新能力、创新活力和创新效果,注重评估区域协调发展、城乡协调发展、经济社会协调发展的水平,注重评估低碳循环发展、生态文明建设的程度,注重评估开放型经济的发展水平,注重评估基本公共服务均等化程度、发展成果共享程度。

重视综合评估与专项评估相结合。既要进行全面系统的综合评估,也要对经济社会发展的一些重要方面开展专项评估,如资源环境评估、社会保障和民生评估等。要重视定性分析与定量分析相结合。注重综合分析小康社会的景象特征,同时各方面的实现程度尽可能以数据为主。要对现实数据进行全面、深入、系统的分析,要充分运用大数据、网络调查等新方法进行评估,以直观具体地反映小康水平程度。

三、综合评估的指标设计与基本测算

全面建成小康社会的目标是一个综合、广泛、系统的范畴,指标体系的设计应着眼于"五位一体"的总布局要求,从经济、政治、文化、社会、生态文明五个维度展开形成一级指标体系,在每个维度之下依据数据的可得性、可比性、可持续性和普遍性的特点构建具体的二级指标体系。同时,在构建一级、二级指标体系的过程中,具体考虑"四个全面"和"五大发展理念"的要求、具体内容形成与之相关的指标。

评估方法采用综合指数法。基本思路是利用层次分析法计算的权重和模糊评判法取得的数值进行累乘,然后相加,最后计算出指标的综合评价指数。从目前实际出发,全面建成小康社会指标体系可设计为一个全国实现的统一标准方案,包括六个一级指标(经济发展、人民生活、三大攻坚、民主法治、文化建设、资源环境)和50个二级指标,基本上比较全面地评价全面建成小康社会的进程,并反映"五位一体"的总布局要求。六类一级指标的设计,经济发展指标主要评价经济发展水平,重点是经济

总量、人均水平、创新能力、城镇化水平和产业结构。人民生活指标主要评价人民生活质量，重点是基本公共服务均等化的总体实现程度、全民受教育程度、收入分配差距缩小程度。三大攻坚指标主要评价防范化解重大风险、精准脱贫、污染防治的进展。民主法治指标主要评价民主政治和社会公正的进展程度，重点是民主制度的完善程度、民主形式的丰富程度、依法治国基本方略的落实程度。文化建设指标主要评价公民文明素质和社会文明的提高程度，重点是文化软实力、文化产品的丰富程度、公共文化服务体系完备程度、文化产业发展状况。资源环境指标主要评价与生态文明相关资源节约型、环境友好型社会建设进展，重点是单位国内生产总值能源消耗和二氧化碳排放水平、主要污染物排放总量减少幅度、森林覆盖率提高幅度。

全面建成小康社会进程评价指标测算过程包括各项指标数值、权重及指标实现程度的确定三个方面。单一指标的数值根据指标定义所推导出的公式直接计算得出。各项单一指标的权重结合指标的重要程度和各项指标的历史值综合确定，力求充分体现各项指标在全面建成小康社会进程中的贡献。指标实现程度根据指标自身的特性、数值及目标值计算得出，如果指标与目标值正相关，则数值大于等于目标值则为100%，如果指标与目标值负相关，则数值小于等于目标值则为100%。

二级指标按照权重合成一级指标，一级指标再按照各自的权重合成全面建成小康社会进程综合评价指标。其中，经济发展类指标的权重为20%、人民生活类指标的权重为28%、三大攻坚类指标的权重为15%、民主法制类指标的权重为8%、文化建设类指标的权重为12%、资源环境类指标的权重为17%，权重合计为100%。表1-1列明了具体指标、2020年要实现的目标值及部分可查的2016年、2017年指标值和实现程度。从核心地位的收入类指标来看，2020年人均GDP实现比2010年翻两番要达到58000元人民币，2017年该值实际达到了49644元人民币的水平，实现程度为85.59%。如果将人均GDP更换为人均GNI，2020年人均GNI实现比2010年翻两番要达到61341元人民币，2017年该值实际达到了59350元人民币的水平，实现程度为97%。我国必须保证人均GNI翻番的小康目标实现的底线是增长率为 4.32%、城镇居民和农村居民人均可支配收入翻番的底线分别是增长率为 4.14% 和增长率为 1.91%。

表 1-1 全国全面建成小康社会指标体系及测算

	指标	计量单位	2020年目标值	2016年数据	2016年测算结果	2017年数据	2017年测算结果
经济发展	1. 人均GDP（2010年不变价）	元	≥58000	46739	80.58	49644	85.59
	2. 地区经济发展差异系数	—	≤0.45	0.45	100.00	0.44	100.00
	3. 服务业增加值占GDP比重	%	≥56	51.60	92.14	51.63	92.19
	4. 常住人口城镇化率	%	≥60	57.35	95.58	58.52	97.53
	5. 互联网普及率指数	%	100	87.29	87.29	97.88	97.88
	6. 科技进步贡献率	%	≥60	56.40	94.00	57.50	95.83
	7. 研究与发展（R&D）经费投入强度	%	≥2.5	2.11	84.40	2.12	84.80
	8. 战略性新兴产业增加值占GDP比重	%	≥15	—	—	—	—
	9. 高技术产品出口额占出口总额比重	%	≥30	—	—	—	—
人民生活	10. 居民人均可支配收入（2010年不变价）	元	≥25000	20356	81.42	21842	87.37
	11. 城镇登记（调查）失业率	%	≤5	4.02	100.00	3.90	100.00
	12. 恩格尔系数	%	≤30	30.10	99.67	29.30	100.00
	13. 基尼系数	—	≤0.47	0.465	100.00		100.00
	14. 城乡居民收入比	以农为1	≤2.7	2.72	99.30	2.71	99.64
	15. 城乡居民家庭人均住房面积达标率	%	≥60	—	—	—	—
	16. 公共交通服务指数	%	100	99.13	99.13	—	—
	17. 平均预期寿命	岁	≥77.34	—	—	—	—
	18. 每千人口执业（助理）医师数	人	≥2.5	2.31	92.40	—	—
	19. 每千老年人口养老床位数	张	≥35	31.62	90.35	—	—
	20. 基本社会保险参保率指数	%	=100	95.57	95.57	—	—
	21. 单位GDP生产安全事故死亡率（2010年不变价）	%	≤0.078	—	—	—	—

续表

	指标	计量单位	2020年 目标值	2016年 数据	2016年 测算结果	2017年 数据	2017年 测算结果
三大攻坚	22. 制造业产品质量合格率	%	≥94.8	93.42	98.54	93.71	98.85
	23. 政府负债率	%	≤40	—	100.00	—	100.00
	24. 规模以上工业企业资产负债率	%	≤60	—	100.00	—	100.00
	25. 农村贫困人口数（现行标准）	万人	0	4335	90.62	3046	93.41
	26. 主要污染物排放指数	%	100	—	100.00	—	100.00
	27. 污水集中处理指数	%	100	97.26	97.26		
	28. 生活垃圾处理指数	%	100	86.11	86.11		
民主法治	29. 基层民主参选率	%	≥92	—	100.00	—	100.00
	30. 每万人拥有社会组织数	人	≥6.5	5.08	78.15		83.00
	31. 人民陪审员参审率	%	≥78	77.20	98.97		100.00
	32. 每万人拥有律师数	个	≥2.3	2.35	100.00		100.00
文化建设	33. 劳动年龄人口平均受教育年限	年	≥10.8	—		—	
	34. 人均公共文化财政支出	元	≥220	211.45	96.11		
	35. "三馆一站"覆盖率	%	≥120	118.63	98.86	120.58	100.00
	36. 广播电视综合人口覆盖率	%	≥99	98.63	99.62	98.90	99.90
	37. 行政村（社区）综合性文化服务中心覆盖率	%	≥95	80.00	84.21	—	
	38. 城乡居民文化娱乐服务支出占家庭消费支出比重	%	≥4.2	—	100.00	—	100.00
资源环境	39. 单位GDP建设用地使用面积（2010年不变价）	公顷/亿元	≤53	60.72	87.28	57.00	92.98
	40. 单位GDP用水量（2010年不变价）	立方米/万元	≤80	93.81	85.27	88.48	90.41
	41. 单位GDP能耗（2010年不变价）	吨标准煤/万元	≤0.605	0.677	89.38	0.652	92.81
	42. 非化石能源占能源消费总量比重	%	≥15	13.20	88.00	13.80	92.00
	43. 地级及以上城市空气质量优良天数比率	%	≥80	78.80	98.50	78.00	97.50

续表

	指标	计量单位	2020年目标值	2016年数据	2016年测算结果	2017年数据	2017年测算结果
资源环境	44. 地表水达到或好于Ⅲ类水体比例	%	≥70	67.80	96.86	69.00	98.57
	45. 森林覆盖率	%	≥23.04	21.63	93.88	21.63	93.88
	46. 草原综合植被盖度	%	≥56	54.60	97.50	—	—
	47. 城市建成区绿地率	%	≥38.9	36.43	93.65	—	—
	48. 一般工业固体废物综合利用率	%	≥73	59.10	80.96	61.20	83.84
	49. 农村自来水普及率	%	≥80	79.00	98.75	81.50	100.00
	50. 农村卫生厕所普及率	%	≥85	80.30	94.47	82.80	97.41

资料来源：笔者绘制。

有一些指标可纳入评价，但考虑到数据的重复性以及数据的获得性，暂未纳入评价。如地区之间的均等性、产业结构、制造业占GDP比重、全要素生产率、市场波动率、金融资产价格波动幅度、股市波动幅度、房价波动幅度、企业负债率，每周平均工作时间、垃圾分类处理等。

四、综合测算评估的主要结论

1. 全面建成小康社会进程总体顺利

从全面建成小康社会进程评价指标的综合得分来看，经过改革开放40年的努力，我们已经离全面建成小康社会的目标越来越近了。2017年，全面建成小康社会进程评价指标的总体实现程度在85%以上。按此发展趋势，到2020年中国将确保全面建成小康社会。

在收入类增长数据方面，选取人均GNI和城镇居民人均可支配收入、农村居民人均可支配收入三项指标，以高水平、中间水平和下限水平的年平均增长率对实现小康水平进行考察。高水平的年平均增长率主要考虑"十三五"期间的GDP的年增长率目标6.5%，中间水平的年平均增长率选取6.0%的水平，主要结合世界银行或国际货币基金组织对我国的实际GDP增长率预测水平（世界银行将我国2017年、2018年、2019年的实际GDP增长率预测为6.5%、6.3%、6.3%），从风险管理的角度考察由于某些偶发性事件的影响导致年增长率目标6.5%向下波动，假定为6.0%。年平均增长率分别按照高水平6.5%和中间水平6.0%，人均GNI和城镇居民人均可支配收入在2019年都可以实现翻番的小康水平，农村居民人均可支配收入在2017年就已实现，这表明我国在消除城乡差别方面取得了一定成绩。这一结论为当前我国宏观调控的增长目标提供了更为广阔的调控空间，也表明可以对"十三五"期间所追求的6.5%的增长目标适当下调，换言之即使将6.5%的增长率下调至6.0%也不影响到全面建成小康社会目标收入指标方面的实现。下限水平的年平均增长率依据2020年所要实现的小康目标值来测算分别为：4.49%（人均GNI）、4.80%（城镇居民人均可支配收入）和2.04%（农村居民人均可支配收入），这表明我国必须保证小康翻番目标实现的底线（见表1-2）。

表1-2 "十三五"收入类指标预测

年份	人均GNI（元）			实现程度（%）			小康目标值（元）
	增长率 6.5%	增长率 6.0%	增长率 4.49%	增长率 6.5%	增长率 6.0%	增长率 4.49%	
2015	49660			80.96			
2016	53600			87.38			
2017	59530			97.05			61341
2018	59987	59146	56186.321	97.79	96.42	91.90	
2019	63886	62695	58707.113	104.15	102.21	95.86	
2020	68039	66456	61341	110.92	108.34	100.00	
年份	城镇居民人均可支配收入（元）			实现程度（%）			小康目标值（元）
	增长率 6.5%	增长率 6.0%	增长率 4.8%	增长率 6.5%	增长率 6.0%	增长率 4.8%	
2015	31195			81.62			
2016	33616			87.96			
2017	36396			95.23			38219
2018	37107	36415	34797	98.60	97.22	92.20	
2019	39519	38600	36468	105.01	103.05	96.02	
2020	42088	40916	38219	111.83	109.23	100.00	

续表

年份	农村居民人均可支配收入（元）			实现程度（%）			小康目标值（元）
	增长率 6.5%	增长率 6.0%	增长率 2.04%	增长率 6.5%	增长率 6.0%	增长率 2.04%	
2015		11422			96.49		
2016		12363			104.43		
2017		13432			113.47		11838
2018	13012	12830	11370	109.92	108.38	96.30	
2019	13858	13599	11602	117.06	114.88	98.13	
2020	14759	14415	11838	124.67	121.77	100.00	

资料来源：根据统计数据计算得出。

2. 全面建成小康社会进程中的突出问题

在全面建成小康社会进程中，以一级评价指标来看，人民生活类评价指标的实现程度预计最高，资源环境类评价指标的实现程度最低，这是全面建成小康社会的短板，也是2019~2020年需要下大力气解决的问题，否则会影响全面建成小康社会进程。经济发展、文化建设两类评价指标的实现程度均低于总体实现程度，也需要集中力量提升。

资源环境类评价指标的实现程度最低，其主要原因是绿色发展存在短板。例如，2017年，单位GDP能耗为0.652吨标准煤/万元，实现程度为92.81%；另外的非检测指标体系的一项数据显示，能源消耗数据非化石能源占一次能源的比重为13.8%，存在不足。

经济发展类评价指标的实现程度较低，其主要原因是创新发展水平不高。2017年，研发经费投入强度为2.12%，实现程度为84.8%；另外，根据"中国制造2025"指标值显示，规模以上制造业研发经费内部支出占主营业务收入比重、数字化研发设计工具普及率、关键工序制造装备数控化率的数据表现均不理想。

在文化建设类评价指标中，文化及相关产业增加值占GDP比重这一指标的实现程度为82%多一点，也不理想。

在人民生活类评价中，截至2017年末，全国农村贫困人口还有3046

万人，全国还有 592 个贫困县。习近平总书记一再强调，全面建成小康社会最艰巨最繁重的任务在农村，特别是在贫困地区，小康不小康，关键看老乡，一个民族都不能少，决不能让一个苏区老区掉队。然而目前未脱贫人口大多贫困程度更深、自身发展能力较弱，脱贫攻坚成本更高、难度更大。同时，因灾、因病、因学、因婚、因房返贫情况时有发生，新的贫困人口还会出现。

五、全面建成小康社会的国际比较

1. 我国经济社会发展的阶段性特征的国际定位

从中等收入水平向高收入水平跨越的关键阶段。按照世界银行的历年划分标准，我国分别于 1997 年和 2010 年跨越低收入国家分界线和中低收入国家分界线。这意味着我国成功实现了由低收入水平向中等收入水平的跨越发展，正在向高收入阶段迈进。

从工业化后期到后工业化过渡阶段。我国正处在从工业化后期到后工业化过渡阶段，主要表现在三个方面：①人均 GDP 水平。西蒙·库兹涅茨（Simon Kuznets）和霍利斯·钱纳里（Hollis Chenery）等学者依据一国收入水平和经济结构对该国所处经济发展阶段进行了研究，形成了诸如钱纳里模型的研究成果，人均 GDP 为 2980~5960 美元时处在工业化的中期阶段，人均 GDP 为 5960~11170 美元时处在工业化的后期阶段，11170 美元以上则迈入了后工业化阶段。按照世界银行发布的基于购买力平价（PPP）的人均 GDP 数据，我国人均 GDP 在 2012 年达到了 11351 美元，进入后工业化初期阶段，但与美国和经合组织（OECD）的水平差距仍然很大。②产业结构。上述两位学者认为一个国家的第一产业所占比重低于 10%、第三产业所占比重大于第二产业，就标志着这个国家进入到后工业化时期，我国自 2013 年开始第三产业增加值占 GDP 比重高于第二产业，但与美国和经合组织相比差距明显。③就业结构和人口的城乡结构。一个国家农业就业者比重在 10%~30% 处于工业化后期、低于 10% 进入后工业化时期，城镇化率在 50%~60% 处于工业化中期、60%~75% 处于工业化后期、高于75%进入后工业化时期，2014年我国农业就业比重刚刚低于30%，城镇化率为54.8%，按照这两类指标来判断，我国处于工业化的中后期，明显滞后于按照前两类指标判断所处的阶段。综合这三个方面的基本结论，总体上判断我国处于工业化后期的过渡阶段。

我国小康收入水平的国际定位。世界银行的数据表明，中国于2010年以人均GNI 4340美元从中低收入国家迈入了中高收入国家。测算出的我国小康水平的人均GNI为9795美元，大致相当于全球人均GNI的第67名左右的水平，离高收入国家行列的人均GNI的门槛12476美元（2016年7月1日标准）尚有28%的距离，同时在世界银行人均GNI数据库中，我国小康水平与经合组织（OECD）的人均GNI平均水平、高收入国家平均值的差距也非常大。小康水平依然处于中高收入国家之列。

2. 世界银行的分类标准及国际比较

世界银行在2016年7月1日依据人均GNI对所有国家的最新划分标准为：低收入（≤1025美元）、中低收入（1026~4035美元）、中高收入（4036~12475美元）和高收入（≥12476美元）四类国家。假设我国按照增长率保持在6.0%~6.5%，预计将在2023年跨越高收入国家门槛的12476美元，以6.0%和6.5%的增长速度人均GNI可以达到12639美元和13124美元，也就是可以初步实现跨越"中等收入陷阱"的目标（见图1-1）。

根据世界银行对各国人均GNI的预测，从中国与俄罗斯、马来西亚、土耳其、巴西和墨西哥五国的比较来看，中国的人均GNI在2019年将会超过巴西，但依然落后于其他四个国家。依据世界银行预测，在2019年我国的人均GNI可以达到我国全面建成小康目标的9795美元的水平。

在总失业率上，世界银行的数据表明，我国在2014年为4.7%已经达到了小康社会的目标值6%的水平，其所设定的小康社会6%的水平要优于巴西、土耳其，甚至好于高收入国家在2014年的水平。

在基尼系数上，基尼指数通常把40%作为收入分配差距的"警戒线"，根据黄金分割律，其准确值应为38.2%，一般发达国家的基尼指数在24%~36%，美国在发达国家中通常偏高，在40%左右，日本、德国和北

(美元)

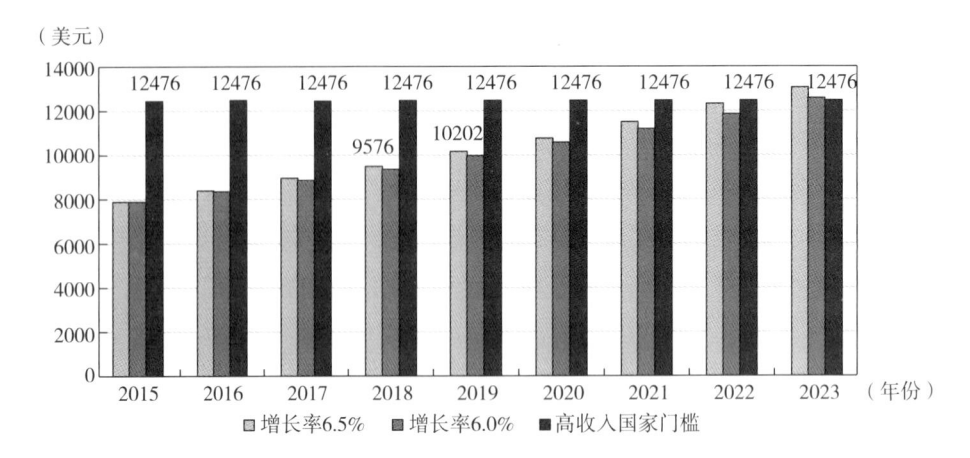

图 1-1　中国迈入高收入国家的预期值

资料来源：世界银行。

欧国家较低，维持在 20%~30%。因此，我们将 40% 作为小康目标的水平。对于我国而言，应该在增加国民收入的基础上，不断解决贫富差距过大的问题，这是一项艰难而重大的任务。

在人均寿命的小康水平上，我国小康水平的人均寿命可以达到 76 岁，领先于俄罗斯、土耳其、马来西亚和巴西在 2014 年的水平，但离高收入国家平均水平 80.58 岁的差距还较大。

3. 联合国组织分类标准及国际比较

联合国社会发展研究所在 1970 年依据赤贫、贫困、小康和富裕四类标准设计了 7 个领域 21 个小类的指标体系，其主要依据恩格尔系数来衡量生活水平，即恩格尔系数在 0.3 以下为高度富裕，0.3~0.4 为富裕水平，0.4~0.5 为小康水平，0.5~0.6 为贫困（勉强度日），0.6 以上为赤贫（绝对贫困）。它的主要依据单一化，并不能反映一个社会整体发展的状况。

联合国粮食及农业组织（FAO）也是依据恩格尔系数将国家划分为五类，高于 60% 为贫穷；50%~60% 为温饱；40%~50% 为小康；30%~40% 属于富裕；低于 30% 为最富裕。后来进一步将低于 30% 为最富裕的标准进一步细分为20%~30%为富足；20%以下为极其富裕。按此划分标准，早在20世纪90年代，恩格尔系数在20%以下的只有美国，达到16%；欧洲、日本、加拿大，一般在20%~30%，是富裕状态。东欧国家，一般在30%~40%，相对富裕，广大的发展中国家大部分分布在小康水平。当前美国、法国、英国、韩国和日本等国的恩格尔系数保持在8%~15%，属于极其富裕国家，这也符合国际社会的实际情况。但同时需要注意的是近年来国际经济和社会发展面临着诸多问题，粮食价格的上涨幅度相对较高，出现了个别年份恩格尔系数上升的态势，例如，一些研究资料显示日本的恩格尔系数个别年份出现了20%的情况。

中国在2013年之前所采用的统计标准将城镇和农村居民进行了区分，分别予以统计。中国城镇居民生活的恩格尔系数是在1996年下降到50%以下，标志着我国城镇人口开始步入小康生活水平，2000年下降到39.4%，首次降到40%以下，尤其是在2001年城镇居民人均购买食品支出2014元，在比1993年增长1.90倍的同时，恩格尔系数从1993年的50.13%降到了38.2%，因此，自2000年我国城镇人口开始达到了其标准分类下的富裕水平，从2000年到分类统计的2013年间我国城镇居民依据联合国粮食及农业组织对富裕国家的标准一直处于富裕水平。农村居民生活的恩格尔系数自2000年开始低于50%，降到了49.1%，从温饱开始步入小康生活标准，从2000年一直到2011年，农村居民生活的恩格尔系数一直保持在小康生活水平。到2012年，农村居民生活的恩格尔系数值低于40%，降到了39.3%，亦表明了农村居民的生活达到了富裕水平。

2013年之后采用了全社会统一口径，2013年、2014年、2015年和2016年四年的恩格尔系数分别达到了31.2%、31%、30.6%和30.1%，处于富裕水平，正在逐步接近20%~30%的"富足"线。根据实际情况分析，与20%的极其富裕水平门槛差距有10%，根据我国2013~2016年恩格尔系数平均每年能减少0.37%的水平，从30.1%到20%大约需要28年的时间，这个差距不可谓不大，要比人均GNI迈入高收入国家的门槛只需要7年的时间所带来的挑战更大。

第四节 决胜全面建成小康社会面临的机遇与挑战

从国际国内发展大势看，我国经济社会发展仍处在可以大有作为的重要战略机遇期。客观分析我国全面建设小康社会取得的成就和进展，清醒地认识我国进入全面建成小康社会决定性阶段经济社会发展面临的新机遇和新挑战，对于确保如期全面建成小康社会的宏伟目标，具有重要意义。

一、全面建成小康社会取得的成就

全面建成小康社会是我国社会主义现代化进程中一个重要里程碑。改革开放之初，邓小平同志提出了建设小康社会的战略构想，按照这一构想我们党对我国社会主义现代化建设作出战略安排，提出"三步走"战略目标。其中的解决人民温饱问题、人民生活总体达到小康水平这两步战略目标，已经分别在20世纪80年代末、20世纪末顺利实现。党的十六大提出，21世纪头二十年要全面建设惠及十几亿人口的更高水平的小康社会，党的十七大、十八大对全面建成小康社会目标又提出一系列新要求。

党的十八大以来，在以习近平同志为核心的党中央坚强领导下，我国积极推进社会主义经济建设、政治建设、文化建设、社会建设、生态文明建设，全面建成小康社会取得新的重大进展。党中央以巨大的政治勇气和强烈的责任担当，提出一系列新理念、新思想、新战略，出台一系列重大方针政策，推出一系列重大举措，推进一系列重大工作，解决了许多长期想解决而没有解决的难题，办成了许多过去想办而没有办成的大事，在中华人民共和国成立特别是改革开放以来我国发展取得的重大成就基础上，推动党和国家事业发生历史性变革，国家经济实力、科技实力、国防实力、综合国力、国际影响力和人民获得感显著提升。

经济建设取得重大成就。坚定不移贯彻新发展理念，坚决端正发展观念、转变发展方式，发展质量和效益不断提升。经济保持中高速平稳健康发展，在世界主要国家中名列前茅，在基数不断增大的情况下，2013～

2017年国内生产总值年均增长7%，对世界经济增长的贡献率超过30%。当前经济发展稳中向好，2017年我国经济总量达到80万亿元人民币，折合约12万亿美元，稳居世界第二位。供给侧结构性改革深入推进，经济结构不断优化，数字经济等新兴产业蓬勃发展，高铁、公路、桥梁、港口、机场等基础设施建设快速推进。农业现代化稳步推进，粮食生产能力达到1.2万亿斤。城镇化率年均提高1.2个百分点，8000多万农业转移人口成为城镇居民。2013~2017年，服务业比重从46.7%提高到51.6%，消费对经济增长的贡献率由47%提高到64.6%，高技术产业增加值占规模以上工业增加值比重由9.9%提高到12.4%，常住人口城镇化率由53.7%上升到57.4%。区域发展协调性增强，"一带一路"建设、京津冀协同发展、长江经济带发展成效显著，雄安新区规划建设扎实推进。创新驱动发展战略大力实施，创新型国家建设成果丰硕，天宫、蛟龙、天眼、悟空、墨子、大飞机等重大科技成果相继问世。南海岛礁建设积极推进。开放型经济新体制逐步健全，对外贸易、对外投资、外汇储备稳居世界前列。对外开放不断深入，开放型经济新体制逐步健全。

全面深化改革取得重大突破。稳步推进全面深化改革，坚决破除各方面体制机制弊端。改革全面发力、多点突破、纵深推进，着力增强改革系统性、整体性、协同性，着力拓展改革广度和深度。共推出1500多项改革举措，包括财税、金融、国企、"放管服"等方面改革，力度之大前所未有，为经济社会发展增强了动力。重要领域和关键环节改革取得突破性进展，主要领域改革主体框架基本确立。中国特色社会主义制度更加完善，国家治理体系和治理能力现代化水平明显提高，全社会发展活力和创新活力明显增强。

民主法治建设迈出重大步伐。积极发展社会主义民主政治，推进全面依法治国，党的领导、人民当家做主、依法治国有机统一的制度建设全面加强，党的领导体制机制不断完善，社会主义民主不断发展，党内民主更加广泛，社会主义协商民主全面展开，爱国统一战线巩固发展，民族宗教工作创新推进。科学立法、严格执法、公正司法、全民守法深入推进，法治国家、法治政府、法治社会建设相互促进，中国特色社会主义法治体系日益完善，全社会法治观念明显增强。国家监察体制改革试点取得实效，行政体制改革、司法体制改革、权力运行制约和监督体系建设有效实施。

思想文化建设取得重大进展。加强党对意识形态工作的领导，党的理论创新全面推进，马克思主义在意识形态领域的指导地位更加鲜明，中国特色社会主义和中国梦深入人心，社会主义核心价值观和中华优秀传统文化广泛弘扬，群众性精神文明创建活动扎实开展。公共文化服务水平不断提高，文艺创作持续繁荣，文化事业和文化产业蓬勃发展，互联网建设管理运用不断完善，全民健身和竞技体育全面发展。主旋律更加响亮，正能量更加强劲，文化自信得到彰显，国家文化软实力和中华文化影响力大幅提升，全党全社会思想上的团结统一更加巩固。

生态文明建设成效显著。大力度推进生态文明建设，全党全国贯彻绿色发展理念的自觉性和主动性显著增强，忽视生态环境保护的状况明显改变。生态文明制度体系加快形成，主体功能区制度逐步健全，国家公园体制试点积极推进。全面节约资源有效推进，能源资源消耗强度大幅下降。重大生态保护和修复工程进展顺利，森林覆盖率持续提高。生态环境治理明显加强，环境状况得到改善。制定并深入实施大气、水、土壤污染防治行动计划，74个重点城市细颗粒物（PM2.5）平均浓度由2013年的72微克/立方米下降至2016年的50微克/立方米，累计下降30.6%。持续推进节能减排，2013~2016年单位国内生产总值能耗累计下降17.9%。引导应对气候变化国际合作，成为全球生态文明建设的重要参与者、贡献者、引领者。

人民生活不断改善，获得感明显增强。深入贯彻以人民为中心的发展思想，一大批惠民举措落地实施，人民获得感显著增强。脱贫攻坚战取得决定性进展，6000多万贫困人口稳定脱贫，贫困发生率从2013年的10.2%下降到2017年底的3.1%。教育事业全面发展，中西部和农村教育明显加强。就业状况持续改善，城镇新增就业年均1300万人以上。城乡居民收入增速超过经济增速，中等收入群体持续扩大。覆盖城乡居民的社会保障体系基本建立，人民健康和医疗卫生水平大幅提高，人均预期寿命由

2010年的74.83岁提高到2016年的76.5岁。保障性住房建设稳步推进。社会治理体系更加完善，社会大局保持稳定，国家安全全面加强。

这些历史性成就和历史性变革，标志着我国发展站到了新的历史起点上，为如期实现全面建成小康社会奠定了具有决定意义的基础。到2020年，我国多数地区可以如期实现小康社会目标，但有些地区实现的难度较大。因此，为确保到2020年各地区都能如期实现全面建成小康社会的奋斗目标，需要对未来几年我国经济社会发展面临的国际国内环境进行全面、辩证分析，以科学判断我国发展的重要战略机遇期的内涵和条件发生了哪些变化，真正廓清我国经济社会发展面临的新机遇和新挑战，以及这些机遇和挑战如何影响我国发展等重大问题，以便更有针对性地采取措施，着力破解经济社会发展中的难题，促进经济持续健康发展和社会和谐稳定。

二、决胜全面建成小康社会具备的有利条件

总的来看，我国全面建成小康社会仍然具有许多有利条件。

第一，经济增长空间广阔。从经济增长的长周期看，我国经济增长的长期趋势是由高速增长转向中高速增长。经济结构调整步伐加快，工业化接近末期。经济结构调整将出现两个变化，在需求结构中，消费率将会缓慢上升，投资率可能出现下降趋势；在产业结构中，第一、二产业比重继续下降，第三产业比重不断上升；第二产业内部，制造业将出现中高端化倾向，高耗能、高排放、低效益行业将进一步淘汰。总的来看，"十三五"时期无论保持多高的经济增长速度，中国的经济总量和人均收入水平都将再上一个新台阶，与发达国家的高收入距离将进一步拉近。"十三五"期间，如果人民币升值10%，每年物价指数为2.5%，按照7%、6%、5%高、中、低三个增长方案分别计算，到2020年，我国GDP总量都超过100万亿元人民币，折合美元分别达到19.88万亿美元、18.99万亿美元、18.13万亿美元，人均GDP分别达到14280美元、13640美元、13024美元。可见，"十三五"时期经济增长即使低于7%，人均收入也会突破1万美元，最低达到13000美元，已经靠近高收入国家门槛。

第二，市场需求潜力巨大。当前和今后一个时期，我国仍处于产业结构不断优化升级阶段，第一产业正朝着发展现代农业，不断提高土地产出率、资源利用率、劳动生产率的方向转变，这不仅将有效增加农产品供给，还将有效增加农民收入，从而促进农民消费增长；第二产业正朝着技术密集和高附加值生产方向转变，这不仅将增加对资本和技术的需求从而拉动社会总需求，还将进一步提高职工收入，拉动居民消费；第三产业正加快发展，不仅将吸纳更多劳动者就业，从而增加劳动者收入、扩大消费，还将进一步完善城乡消费环境，促进全社会消费。

第三，宏观调控体系不断完善。我国政府宏观调控经验不断丰富，根据形势发展变化，及时出台财政政策、货币政策以及其他必要的政策，综合运用经济手段、法律手段以及必要的行政手段，对经济发展中出现的苗头性、倾向性问题及时果断地进行调控，不断取得积极成效。政府宏观调控的针对性、灵活性、前瞻性不断提高，应对复杂局面的能力明显增强。政府对资源的直接配置大幅度减少，改革的广度、力度、深度前所未有，中央层面大量取消、停征、减免行政事业性收费400多项，每年减轻企业和个人负担近千亿。行政、财税、金融、价格、外贸、投资、国企、科技、开放、城乡、民生领域改革纵深推进，多点开花，使得国内市场潜力进一步释放，生产要素综合优势进一步彰显。

第四，制度优势日益显现。改革开放以来的实践充分证明，中国特色社会主义制度具有资本主义制度不可比拟的优越性，能够有效应对前进道路上的各种风险和挑战。特别是我国社会主义市场经济体制，可以包容和释放巨大的经济社会发展潜力。随着我国经济体制、政治体制、文化体制、社会体制、生态文明制度等改革的深化，新的更大的制度红利和发展潜力将会不断地创造和释放出来。"十三五"期间将完成众多的改革任务，这将大大有利于释放制度红利，促进经济发展。我国政府有强大的组织能力，可以制定行动规划，动员社会力量，利用高额外汇储备和高额储蓄，支持中国在新常态下继续发展。

第五，城镇化进入新阶段。"十三五"期间也是快速推进新型城镇化的阶段。这个阶段不像过去那样主要发展住宅和商业地产等，而是按照人本城镇化、市场城镇化、协调城镇化、特色城镇化、集群城镇化、绿色城镇化、智慧城镇化、品质城镇化、人文城镇化的要求，推进新型城镇化。在这些各具特点的新型城镇化中也蕴藏着很多新的机会。特别是随着城镇化深入发展，不仅将继续拉动巨额的城镇基础设施和住房等投资，还将继续拉动由大量农村居民变为城镇居民而带来的成倍增长的生活消费。实施新型城镇化，重点解决"三个亿"人口问题，即1亿农业转移人口落户城镇、1亿人口的城市棚户区和城中村改造、中西部地区1亿人口就近城镇化等，都会带来巨量投资和消费。随着我国解决"三个亿"人口市民化问题，城镇化率会达到60%以上，由此多数人在城镇生活、少数人在农村生活的格局基本形成。上述这些变化既有利于增加社会消费，也有利于社会稳定。

第六，新的增长带不断涌现。区域经济一体化意味着区域内部不同城市不同地区分工协作的加深，分工协作的加深可以大大提高效率和实现区域之间的共赢，可以带来很多机遇。此前，还有很多如长三角、珠三角、成渝经济带等区域一体化战略，都是把城乡、区域联动起来发展，实行一加一大于二的战略规划。比如打造长江经济带，会在三个方面拉动经济增长，一是建设基础设施互联互通网络体系，包括黄金水道、高效铁路、便捷公路、发达航空、油气管网、城际交通建设等；二是沿长江经济带培育几个城市群；三是沿长江经济带培育一批产业集群等，都会带来发展机会。

第七，"一带一路"倡议使发展空间得到拓展。这是在新常态下实施新的"走出去"战略，旨在将国内发展与对外开放联动起来。"一带一路"在"十三五"时期开始全面部署实施，也会带来诸多增长机会。"十三五"期间，"一带一路"带来的增长可能是巨量的。另外，随着"一带一路"倡议的实施，国内四大片区愿景战略规划的落地，必将在基础设施互联互通、产业合作、投资贸易、电子商务、能源资源开发、生态环境改善等方面带来发展机会。

第八,新的经济增长点正在催生。以生物、信息、新材料技术、新能源技术为核心的产业技术革命已经兴起,新旧动能转换加快进行。这次科技革命的最大特点是,四大技术之间正在融合,这种融合可能会改变世界;它正在带来渗透性影响,使得产业边界模糊,形成了新业态、新产品、新模式、新产业,这给我国产业转型升级带来新机遇,比如互联网+、智能化、低碳化、绿色化、机器人、3D打印机,等等。这还将拉动内需政策的实施,使原有"三驾马车"的比例发生根本性变化,国内市场潜力进一步释放。消费将带动流通、生产、交换等一系列环节的经济活动,对经济增长发挥越来越明显的支撑作用。

第九,大众创业、万众创新方兴未艾。众创、众包、众扶、众筹等大众创业、万众创新的支撑平台快速发展。市场主体开办新企业、开发新产品、开拓新市场的速度加快;国民创业兴致极为浓郁。"双创"新潮有一个显著特点,就是依托我国互联网规模优势和应用优势、活跃的互联网经济,以及快速成长的互联网骨干企业,各行各业商业模式创新层出不穷,线上与线下结合的"双创"活动迅猛发展。

第十,"四个全面"保驾护航。习近平总书记指出,全面建成小康社会是我们的战略目标,全面深化改革、全面依法治国、全面从严治党是三大战略举措。全面深化改革为全面建成小康社会提供不竭动力,全面推进依法治国是全面建成小康社会的引领和规范,全面从严治党是全面建成小康社会的根本保证。

总的来看,经过中华人民共和国成立60多年特别是改革开放40年以来的建设和发展,我国经济实力和综合国力大为提升,保障可持续发展的物质技术基础和内生动力不断增强。目前,我国产业体系比较完整,培育和发展战略性新兴产业取得积极成效;基础设施日益完善,能源保障和交通运输能力显著提高;财政金融体系运行稳健,社会资金相对充裕;劳动力资源丰富,人力资本积累水平快速提高;等等。简言之,对经济发展具有重要基础作用的我国生产要素组合仍然具有比较优势,经济发展的物质技术基础更加稳固。

三、决胜全面建成小康社会面临的困难和挑战

在看到全面建成小康社会取得的巨大成就和面临的有利条件的同时，也必须清醒地看到，我们的工作还存在许多不足，全面建成小康社会仍面临一些短板弱项，需要克服许多困难挑战。

一是经济社会领域的重大风险。金融风险仍在积累，非法集资等大案要案时有发生，地方政府债务风险特别是隐性债务风险不容忽视，信息安全风险和社会不稳定因素较多。如果重大风险隐患不能得到有效化解，甚至在特定环境下由隐性转为显性，就有可能影响全面建成小康社会的进程，影响第一个百年奋斗目标的顺利实现。

二是脱贫攻坚任务。民生领域还有不少短板，2017年末全国还有3046万农村贫困人口，其中相当一部分居住在艰苦边远地区，处于深度贫困状态，属于脱贫攻坚要啃的"硬骨头"，剩余的脱贫任务量虽变小，但难度增大。

三是生态环境保护。治理高消耗高污染行业、淘汰过剩落后产能需要长期艰苦努力，生态修复方面还有许多欠账，北方秋冬季重污染天气时有发生，大气、水、土壤等污染问题仍较突出，垃圾围城、垃圾围村现象仍较普遍，人民群众日益增长的优美生态环境需要还不能得到有效满足。

四是发展质量和效益。创新能力还不够强，新旧发展动能转换难度较大，经济发展方式转变还不到位，实体经济水平有待提高。城乡区域发展和居民收入分配差距依然较大，群众在就业、教育、医疗、居住、养老等方面面临不少难题。

另外，国民素质和社会文明水平尚需提高，社会矛盾和问题交织叠加，全面依法治国任务依然繁重，国家治理体系和治理能力有待加强，等等。必须按照全面建成小康社会的要求，坚持问题导向，认真查找差距，切实对症下药，着力解决存在的突出矛盾和问题，为全面建成小康社会画上圆满句号。

第五节 决胜全面建成小康社会的重大举措建议

从2018年到2020年，是全面建成小康社会决胜期，也是最后冲刺期，收官之战十分重要。我们要深入贯彻习近平新时代中国特色社会主义思想和基本方略，按照党的十六大、十七大、十八大、十九大提出的全面建成小康社会各项要求，坚持创新、协调、绿色、开放、共享的发展理念，紧扣社会主要矛盾的变化，综合施策、精准发力，突出抓重点、补短板、强弱项，采取更加有力有效的措施，赢得全面建成小康社会的最后胜利，使全面建成小康社会得到人民认可、经得起历史检验。

一要统筹推进经济建设、政治建设、文化建设、社会建设、生态文明建设。把"五位一体"建设统一于全面建成小康社会的进程，推进各项建设相互促进、相得益彰。

二要实施好科教兴国战略、人才强国战略、创新驱动发展战略、乡村振兴战略、区域协调发展战略、可持续发展战略、军民融合发展战略，为全面建成小康社会提供重要战略支撑。

三要推动经济社会持续健康发展。坚持稳中求进工作总基调，深化供给侧结构性改革，加快转变发展方式、优化经济结构、转换增长动力，不断增强经济发展内生动力。促进"三去一降一补"重点任务取得更大成效，强化创新驱动，持续开展大众创业、万众创新，加快新旧发展动能转换，提高发展质量和效益。保持宏观政策的连续性、稳定性，实施好积极的财政政策和稳健的货币政策，适时适度预调微调，保持经济运行在合理区间，推动经济保持中高速增长、产业迈向中高端水平，在发展平衡性、协调性、可持续性明显增强的基础上，实现国内生产总值和城乡居民人均收入比2010年翻一番等目标要求。

四要坚决打好防范化解重大风险攻坚战。要增强忧患意识和底线思维，把防控风险放在更加突出的位置。高度重视金融、地方债务、信息安全、社会稳定等领域存在的风险隐患，增强忧患意识和底线思维，积极采取有力措施，有效遏制增量风险，有序化解存量风险，坚决守住不发生系统性风险的底线。要加强风险隐患排查，摸清风险底数，既要掌控地方政府显性债务风险，又要掌控隐性债务风险；既要掌控银行不良贷款变化情况，又要掌控影子银行、非法集资等隐性金融风险；既要严格控制增量风险，严防风险持续累积和发散，又要有效处置化解存量风险，努力使各类风险趋向收敛。要坚持标本兼治，注重以完善体制机制来防范化解风险。要加强风险监测、预警、应急处置能力，有效防范"黑天鹅"事件、"蝴蝶效应"和"灰犀牛"冲击，防止外部风险演化为内部风险，防止经济金融风险演化为政治社会风险，防止个体风险演化为系统性风险。

五要坚决打赢精准脱贫攻坚战。坚持精准扶贫、精准脱贫基本方略，继续集中力量加大投入，攻坚克难，勇于啃"硬骨头"，确保到2020年现行标准下农村贫困人口实现脱贫，贫困县全部摘帽，解决区域性整体贫困，补上全面建成小康社会这块最大的短板。坚持专项扶贫、行业扶贫、社会扶贫等"三位一体"大扶贫格局。加大对贫困地区和贫困人口的投入，健全公共服务、建设基础设施、发展特色优势产业，改善他们的生产生活条件。要发挥集中力量办大事的制度优势，重点解决好深度贫困问题，加强东西部扶贫协作和对口支援，做好中央单位定点帮扶。结合实际实施好"五个一批"工程，即发展生产脱贫一批、易地搬迁脱贫一批、生态补偿脱贫一批、发展教育脱贫一批、社会保障兜底一批。坚持中央统筹、省负总责、市县抓落实的工作机制，强化党政一把手负总责的责任制。注重把扶贫同扶志、扶智结合起来，提高贫困地区和贫困群众的自我发展能力和脱贫致富内在动力。实行最严格的考核评估，让脱贫成效真实可信，做到脱真贫、真脱贫。

六要坚决打好污染防治攻坚战。坚持绿水青山就是金山银山，牢固树立和全面贯彻绿色发展理念，坚持节约优先、保护优先、自然恢复为主，加快形成节约资源和保护环境的空间格局、产业结构、生产和生活方式。要加快产业结构优化升级，强化节能减排，推动能源生产和消费革命，推进绿色低碳循环发展，转变资源利用方式，提高资源利用效率，从源头上降低污染排放。实施好主体功能区战略,优化国土空间开发格局,设定严格的生态保护红线,将各类开发活动限制在资源环境承载范围之内。强化大气、水、土壤等污染防治,着力解决损害群众健康、社会反映强烈的突出环境问题。深化生态文明体制改革,完善生态环境保护制度。加强重要生态系统保护和修复,改革生态环境监管机制,推动形成人与自然和谐发展现代化建设新格局。加强环保督察,落实环保主体责任,健全环境损害赔偿和责任追究制度,形成全社会齐抓共管的生态环境保护格局和氛围。

决胜全面建成小康社会任务艰巨繁重。我们要紧密团结在以习近平同志为核心的党中央周围,高举中国特色社会主义伟大旗帜,解放思想,改革创新,锐意进取,埋头苦干,全面贯彻党的基本理论、基本路线、基本方略,决胜全面建成小康社会,在此基础上开启全面建设社会主义现代化国家新的伟大征程。

第六节 第一个百年目标完成情况的基本表述

建议在2021年建党100周年大会上正式宣布我们全面建成小康社会,主要内容如下:

改革开放以来,我们党把建设小康社会和建成小康社会作为中国现代化发展阶段性目标,作为我们党领导全国人民进行伟大奋斗的第一个百年目标,几次党的代表大会和人大会议都提出并不断丰富小康社会的内涵和目标要求。经过40年的不断努力,我们可以郑重宣布,全面建成小康社会的目标已经实现,有些方面还超过以前的预期目标。

(1)国家经济实力大为增强。我国2020年国内生产总值达到14万亿美元,占世界总量20%,稳居世界第二位,按目前增速,不远的将来有望跃居世界第一,远远高于日欧等发达国家,人均GDP也已接近世界银行标准的高收入国家门槛水平。我国的创新驱动发展战略深入实施,重点领域和关键环节核心技术全面取得新突破,开始迈进创新型国家和人才强国行列。供给侧结构性改革取得重大进展,工业化基本实现,信息化水平大幅提升，农业现代化和乡村振兴战略成效显著，先进制造业和战略性新兴产业发展迅速。人口城镇化率已达到50%左右。

（2）人民生活水平显著提高。我国的基本公共服务均等化总体实现，人民群众吃住行生活质量全面提升；全民受教育程度明显提高，教育现代化基本实现；就业更加充分，收入分配差距缩小，中等收入群体持续扩大，现行标准下农村贫困人口实现脱贫，贫困县全部摘帽，区域性整体贫困得到解决。

（3）政治文明程度不断提升。我国的人民民主进一步扩大，全社会法治不断增强。中国梦和社会主义核心价值观深入人心，国民思想道德素质、科学文化素质、健康素质明显提高。公共文化服务体系基本建成，文化产业成为国民经济支柱性产业。中华文化影响明显扩大。

（4）生态环境质量总体改善。生产方式和生活方式绿色、低碳水平明显上升。能源资源开发利用效率进一步提高，能源和水资源消耗、建设用地、碳排放总量得到有效控制，主要污染物排放总量大幅减少。主体功能区布局和生态安全屏障基本形成。

（5）社会建设全面推进。各项社会事业全面发展，社会保障制度实现全覆盖，进一步实现广大人民群众学有所教、劳有所得、病有所医、老有所养、住有所居，和谐社会建设迈出重大步伐。人民群众平等参与、平等发展权利得到有效保证，社会公平正义得到有效维护。公共安全体系建设更加健全，平安中国建设水平不断提高。健康中国建设进一步取得成效。"和谐社会""平安社会""信用社会""法治社会""健康社会""幸福社会"基本实现。

（6）各方面制度趋于成熟定型。全面深化改革取得决定性成效，国家治理体系和治理能力现代化建设取得重大进展，各领域基础性制度体系基本形成。法治政府基本建成，司法公信力明显提高。人权得到切实保障，产权得到有效保护。开放型经济新体制基本形成。中国特色现代军事体系更加完善。党的建设制度化水平显著提高。

总的来看，我国建成的全面小康社会：是政治、经济、社会、文化、生态"五位一体"全面发展的美好社会；是"富强、民主、文明、和谐"的美丽中国；是"自由、平等、公正、法治"的正义中国；是"创新、协调、绿色、开放、共享"的进步中国。人民群众普遍关心的突出问题得到真正的解决，发展成果更多更公平地惠及全体人民，全国人民在经济社会不断发展的基础上，朝着共同富裕的方向稳步前进。人民群众的满意度空前提高。

小康社会的全面建成，标志着我们这个历史悠久的文明古国和发展中社会主义大国，已成为综合国力显著增强、国内市场总体规模位居世界前列的国家，成为人民财富普遍增加、生活质量明显提高的国家，成为人民享有更加充分民主权利、具有更高文明素质和精神追求的国家，成为各方面制度更加完善、社会更加充满活力而又安定团结的国家，成为对外更加开放、更加具有亲和力、国际地位进一步提升的国家。

全面建成小康社会不仅承接历史，也连接未来。它是实现第二个百年奋斗目标和中华民族伟大复兴的关键一步和关键环节，它将告慰先人，激励后人，启迪世界。

我们将不负13亿多中国人民的共同期盼，不负时代赋予我们的艰巨使命和应有的历史担当，以更加坚定的信心、更加扎实的工作，努力实现我们第二个百年目标，早日实现中华民族的伟大复兴！

第二章　全面建成小康社会的科学内涵与评价标准

第一节　中央关于小康社会重大论述的演进

党的第一代中央领导核心毛泽东同志在1949年6月30日为纪念中国共产党成立二十八周年而撰写的《论人民民主专政》一文中，曾经多次谈到中国人世代追求的"大同"境界，并论证了"到达大同的路"，即实现"大同"的具体途径。他明确指出，当年"康有为写了《大同书》，他没有也不可能找到一条到达大同的路"，只有"经过人民共和国到达社会主义和共产主义"才能"到达阶级的消灭和世界的大同"。中华人民共和国成立后，毛泽东在领导中国社会主义建设过程中，明确提出了"四个现代化"的发展目标和"两步走"的战略步骤，强调第一步首先建立一个独立的、比较完整的工业体系和国民经济体系；第二步全面实现农业、工业、国防和科学技术的现代化。

一、改革开放初期把小康作为国家现代化建设的目标

首次把小康引入中国社会主义现代化建设目标的是邓小平同志。邓小平在1979年12月会见日本首相大平正芳时说："我们要实现的四个现代化，是中国式的四个现代化。我们的四个现代化的概念，不是像你们那样的现代化的概念，而是'小康之家'。到本世纪末，中国的四个现代化即使达到了某种目标，我们的国民生产总值人均水平也还是很低的。要达到

第三世界中比较富裕一点的国家的水平，比如国民生产总值人均1000美元，也还得付出很大的努力。就算达到那样的水平，同西方来比，也还是落后的。所以，我只能说，中国到那时也还是一个小康的状态。"

1982年党的十二大首次正式提出了"小康"的概念，并将其确定为经济建设目标。十二大报告中指出："从1981年到本世纪末的20年，我国经济建设总的奋斗目标是，在不断提高经济效益的前提下，力争使全国工农业的年总产值翻两番，即由1980年的7100亿元增加到2000年的28000亿元左右。实现了这个目标……整个国民经济的现代化过程将取得重大进展，城乡人民的收入将成倍增长，人民的物质文化生活可以达到小康水平。到那个时候，我国按人口平均的国民收入还比较低，但同现在相比，经济实力和国防实力将大为增强。只要我们积极奋斗，扎扎实实地做好工作，进一步发挥社会主义制度的优越性，这个宏伟的战略目标是能够达到的。"报告还提出："通观全局，为实现上述经济发展目标，最重要的是要解决好农业问题，能源、交通问题和教育、科学问题。"从此，建设小康社会正式成为中国共产党带领人民建设社会主义的一个阶段性目标。

1985年，邓小平在会见外宾时说："我们有个雄心壮志，从80年代起，到本世纪末，用20年的时间初见成效，把中国建设成为一个小康社会。"邓小平同志用"小康"一词来定义中国社会化进程中的一个特殊阶段，把建设小康社会作为一个阶段性的任务。从此，"小康之家""小康社会"的概念开始被广泛运用。在提出"小康社会"概念之后，邓小平还围绕小康社会构想，提出了实现我国社会主义现代化的"三步走"发展战略。1987年4月，他在会见外国客人时指出："我们原定的目标是，第一步在80年代翻一番。以1980年为基数，当时国民生产总值人均只有250美元。翻一番，达到500美元。第二步是到本世纪末，再翻一番，人均达到1000美元。实现这个目标意味着我们进入小康社会……我们制定的目标更重要的还是第三步，在下世纪用30年到50年再翻两番，大体上达到人均4000美元。做到这一步，中国就达到中等发达的水平。"

二、党的十三大到十五大提出向小康目标迈进

根据邓小平的上述设想,1987年党的十三大正式确立了我国社会主义现代化建设的"三步走"发展战略。即:第一步从1981年到1990年,国民生产总值翻一番,解决人民的温饱问题;第二步从1991年到20世纪末,国民生产总值再翻一番,人民生活达到小康水平;第三步到21世纪中叶,人均国民生产总值达到中等发达国家水平,人民生活比较富裕,基本实现现代化。十三大报告提出:"最重要的是走好第二步。实现了第二步任务,我国现代化建设将取得新的巨大进展:社会经济效益、劳动生产率和产品质量明显提高,国民生产总值和主要工农业产品产量大幅度增长,人均国民生产总值在世界上所占位次明显上升。工业主要领域在技术方面大体接近经济发达国家七十年代或八十年代初的水平,农业和其他产业部门的技术水平也将有较大提高。城镇和绝大部分农村普及初中教育,大城市基本普及高中和相当于高中的职业技术教育。人民群众将能过上比较殷实的小康生活。"在分析实现第二步奋斗目标的有利条件和困难矛盾的基础上,报告还提出必须着重解决好三个重要问题。一是把发展科学技术和教育事业放在首要位置,使经济建设转到依靠科技进步和提高劳动者素质的轨道上来。二是保持社会总需求和总供给基本平衡,合理调整和改造产业结构。三是进一步扩大对外开放的广度和深度,不断发展对外经济技术交流与合作。应该说,"三步走"的战略部署使小康社会成为看得见、摸得着的社会计划,给了广大人民实现小康社会的希望,为在党的领导下广大人民团结一致地建设小康社会指明了方向。

1992年党的十四大召开,提出向小康目标迈进的战略任务。江泽民同志在报告中指出,十一届三中全会以来,在邓小平同志建设有中国特色社会主义理论的指导下,党和人民锐意改革,努力奋斗,整个国家焕发出了勃勃生机,中华大地发生了历史性的伟大变化;社会生产力获得新的解放。安定团结的政治局面不断巩固。11亿人民的温饱问题基本解决,正在向小康迈进。在20世纪90年代改革和建设的主要任务中,十四大提出,

要在90年代把有中国特色社会主义的伟大事业推向前进，最根本的是坚持党的基本路线，加快改革开放，集中精力把经济建设搞上去；同时，要围绕经济建设这个中心，加强社会主义民主法制和精神文明建设，促进社会全面进步。在发展速度上，十四大报告提出，90年代我国经济的发展速度，原定为国民生产总值平均每年增长6%，现在从国际国内形势的发展情况来看，可以更快一些。根据初步测算，增长8%~9%是可能的，我们应该向这个目标前进。在提高质量、优化结构、增进效益的基础上努力实现这样的发展速度，到20世纪末我国国民经济整体素质和综合国力将迈上一个新的台阶。国民生产总值将超过原定比1980年翻两番的要求。主要工农业产品产量显著增加。产业结构和地区经济布局比较合理。科学技术和管理水平有较大提高，一批骨干企业接近或达到国际先进水平。人民生活由温饱进入小康。建议国务院对"八五"计划做出必要的调整，并着手研究制订"九五"计划。

  1997年党的"十五大"在世纪之交召开，对小康目标进行了具体化。在经济体制改革和经济发展战略上，提出："从现在起到下世纪的前十年，是我国实现第二步战略目标、向第三步战略目标迈进的关键时期。我们要积极推进经济体制和经济增长方式的根本转变，努力实现'九五'计划和2010年远景目标，为下世纪中叶基本实现现代化打下坚实基础。在这个时期，建立比较完善的社会主义市场经济体制，保持国民经济持续快速健康发展，是必须解决好的两大课题。要坚持社会主义市场经济的改革方向，使改革在一些重大方面取得新的突破，并在优化经济结构、发展科学技术和提高对外开放水平等方面取得重大进展，真正走出一条速度较快、效益较好、整体素质不断提高的经济协调发展的路子。"在确定的奋斗目标上，党的十五大将第三步目标进行了具体化：到21世纪的第一个十年，实现国民生产总值比2000年翻一番，使人民的小康生活更加宽裕，形成比较完善的社会主义市场经济体制；再经过十年的努力，到建党100周年时，使国民经济更加发展，各项制度更加完善；到中华人民共和国成立100周年时，基本上实现现代化，建成富强、民主、文明的社会主义国家。至此，邓小平提出的"三步走"战略在实践中不断发展和完善,更加具体化,也更具有操作性。

三、党的十六大和十七大提出全面建设小康社会

2002年党的十六大召开,提出了更高水平的小康社会目标。当时改革开放已经20年有余,取得了举世瞩目的成就。在十六大上,江泽民作《全面建设小康社会,开创中国特色社会主义事业新局面》的报告,这是第一次将"小康社会"写入党代会的报告主题。党的十六大的主题是:高举邓小平理论伟大旗帜,全面贯彻"三个代表"重要思想,继往开来,与时俱进,全面建设小康社会,加快推进社会主义现代化,为开创中国特色社会主义事业新局面而奋斗。报告指出,"经过全党和全国各族人民的共同努力,我们胜利实现了现代化建设'三步走'战略的第一步、第二步目标,人民生活总体上达到小康水平","城乡居民收入稳步增长,城乡市场繁荣,商品供应充裕,居民生活质量提高,衣食住用行都有较大改善,社会保障体系建设成效明显,'八七'扶贫攻坚计划基本完成"。这既是对改革开放成绩的肯定,也是对"三步走"战略完成情况的报告。但报告也指出:"必须看到,我国正处于并将长期处于社会主义初级阶段,现在达到的小康还是低水平的、不全面的、发展很不平衡的小康,人民日益增长的物质文化需要同落后的社会生产之间的矛盾仍然是我国社会的主要矛盾。我国生产力和科技、教育还比较落后,实现工业化和现代化还有很长的路要走;城乡二元经济结构还没有改变,地区差距扩大的趋势尚未扭转,贫困人口还为数不少;人口总量继续增加,老龄人口比重上升,就业和社会保障压力增大;生态环境、自然资源和经济社会发展的矛盾日益突出;我们仍然面临发达国家在经济科技等方面占优势的压力;经济体制和其他方面的管理体制还不完善;民主法制建设和思想道德建设等方面还存在一些不容忽视的问题。巩固和提高目前达到的小康水平,还需要进行长时期的艰苦奋斗。"在此基础上,报告提出:"综观全局,21世纪头20年,对我国来说,是一个必须紧紧抓住并且可以大有作为的重要战略机遇期。根据

十五大提出的到2010年、建党100年和中华人民共和国成立100年的发展目标,我们要在本世纪头20年,集中力量,全面建设惠及十几亿人口的更高水平的小康社会,使经济更加发展、民主更加健全、科教更加进步、文化更加繁荣、社会更加和谐、人民生活更加殷实。这是实现现代化建设第三步战略目标必经的承上启下的发展阶段,也是完善社会主义市场经济体制和扩大对外开放的关键阶段。经过这个阶段的建设,再继续奋斗几十年,到本世纪中叶基本实现现代化,把我国建成富强民主文明的社会主义国家。"

对"更高水平的小康社会"目标,党的十六大报告进行了详细说明:一是在优化结构和提高效益的基础上,国内生产总值到2020年力争比2000年翻两番,综合国力和国际竞争力明显增强。基本实现工业化,建成完善的社会主义市场经济体制和更具活力、更加开放的经济体系。城镇人口的比重较大幅度提高,工农差别、城乡差别和地区差别扩大的趋势逐步扭转。社会保障体系比较健全,社会就业比较充分,家庭财产普遍增加,人民过上更加富足的生活。二是社会主义民主更加完善,社会主义法制更加完备,依法治国基本方略得到全面落实,人民的政治、经济和文化权益得到切实尊重和保障。基层民主更加健全,社会秩序良好,人民安居乐业。三是全民族的思想道德素质、科学文化素质和健康素质明显提高,形成比较完善的现代国民教育体系、科技和文化创新体系、全民健身和医疗卫生体系。人民享有接受良好教育的机会,基本普及高中阶段教育,消除文盲。形成全民学习、终身学习的学习型社会,促进人的全面发展。四是可持续发展能力不断增强,生态环境得到改善,资源利用效率显著提高,促进人与自然的和谐,推动整个社会走上生产发展、生活富裕、生态良好的文明发展道路。报告对全面建设小康社会的经济建设和经济体制改革,政治建设和政治体制改革,文化建设和文化体制改革,国防和军队建设等都进行了具体部署。

2007年召开的党的十七大依旧以建设小康社会为奋斗目标。会上,胡锦涛作了《高举中国特色社会主义伟大旗帜,为夺取全面建设小康社会新胜利而奋斗》的报告。大会的主题是：高举中国特色社会主义伟大旗帜，以邓小平理论和"三个代表"重要思想为指导，深入贯彻落实科学发展观，继续解放思想，坚持改革开放，推动科学发展，促进社会和谐，为夺取全面建设小康社会新胜利而奋斗。报告提出："全面建设小康社会是党和国家到2020年的奋斗目标，是全国各族人民的根本利益所在。全党必须坚定不移地高举中国特色社会主义伟大旗帜，带领人民从新的历史起点出发，抓住和用好重要战略机遇期，求真务实，锐意进取，继续全面建设小康社会、加快推进社会主义现代化，完成时代赋予的崇高使命。"报告同时提出："在新的发展阶段继续全面建设小康社会、发展中国特色社会主义，必须坚持以邓小平理论和'三个代表'重要思想为指导，深入贯彻落实科学发展观。"报告还提出，"要继续努力奋斗，确保到2020年实现全面建成小康社会的奋斗目标"，并提出了实现全面建设小康社会奋斗目标的新要求。一是增强发展协调性，努力实现经济又好又快发展。转变发展方式取得重大进展，在优化结构、提高效益、降低消耗、保护环境的基础上，实现人均国内生产总值到2020年比2000年翻两番。社会主义市场经济体制更加完善。自主创新能力显著提高，科技进步对经济增长的贡献率大幅上升，进入创新型国家行列。居民消费率稳步提高，形成消费、投资、出口协调拉动的增长格局。城乡、区域协调互动发展机制和主体功能区布局基本形成。社会主义新农村建设取得重大进展。城镇人口比重明显增加。二是扩大社会主义民主，更好保障人民权益和社会公平正义。公民政治参与有序扩大。依法治国基本方略深入落实，全社会法制观念进一步增强，法治政府建设取得新成效。基层民主制度更加完善。政府提供基本公共服务能力显著增强。三是加强文化建设，明显提高全民族文明素质。社会主义核心价值体系深入人心，良好思想道德风尚进一步弘扬。覆盖全社会的公共文化服务体系基本建立，文化产业占国民经济比重明显提高、国际竞争力显著增强，适应人民需要的文化产品更加丰富。四是加快发展社会事业，全面改善人民生活。现代国民教育体系更加完善，终身教育体系基本形成，全民受教育程度和创新人才培养水平明显提高。社会就业更加充分。覆盖城乡居民的社会保障体系基本建立，人人享有基本生活保障。合理有序的收入分配格局基本形成，中等收入者占多数，绝对贫困现象基本消除。人人享有基本医疗卫生服务。社会管理体系更加健全。五是建设生态文明，基本形成节约能源资源和保护生态环境的产业结构、增长方式、消费模式。循环经济形成较大规模，可再生能源比重显著上升。主要污染物排放得到有效控制，生态环境质量明显改善。生态文明观念在全社会牢固树立。

四、党的十八大首次提出全面建成小康社会

2012年党的十八大首次提出全面建成小康社会。报告提出："综观国际国内大势，我国发展仍处于可以大有作为的重要战略机遇期。我们要准确判断重要战略机遇期内涵和条件的变化，全面把握机遇，沉着应对挑战，赢得主动，赢得优势，赢得未来，确保到2020年实现全面建成小康社会宏伟目标。"十八大为全面建成小康社会绘制了蓝图，并提出了更加具体的要求。根据我国经济社会发展实际，要在十六大、十七大确立的全面建设小康社会目标的基础上努力实现新的要求。一是经济持续健康发展。转变经济发展方式取得重大进展，在发展平衡性、协调性、可持续性明显增强的基础上，实现国内生产总值和城乡居民人均收入比2010年翻一番。科技进步对经济增长的贡献率大幅上升，进入创新型国家行列。工业化基本实现，信息化水平大幅提升，城镇化质量明显提高，农业现代化和社会主义新农村建设成效显著，区域协调发展机制基本形成。对外开放水平进一步提高，国际竞争力明显增强。二是人民民主不断扩大。民主制度更加完善，民主形式更加丰富，人民积极性、主动性、创造性进一步发挥。依法治国基本方略全面落实，法治政府基本建成，司法公信力不断提高，人权得到切实尊重和保障。三是文化软实力显著增强。社会主义核心价值体系深入人心，公民文明素质和社会文明程度明显提高。文化产品更加丰富，公共文化服务体系基本建成，文化产业成为国民经济支柱性产业，中华文化"走出去"迈出更大步伐，社会主义文化强国建设基础更加坚实。

四是人民生活水平全面提高。基本公共服务均等化总体实现。全民受教育程度和创新人才培养水平明显提高，进入人才强国和人力资源强国行列，教育现代化基本实现。就业更加充分。收入分配差距缩小，中等收入群体持续扩大，扶贫对象大幅减少。社会保障全民覆盖，人人享有基本医疗卫生服务，住房保障体系基本形成，社会和谐稳定。五是资源节约型、环境友好型社会建设取得重大进展。主体功能区布局基本形成，资源循环利用体系初步建立。单位国内生产总值能源消耗和二氧化碳排放大幅下降，主要污染物排放总量显著减少。森林覆盖率提高，生态系统稳定性增强，人居环境明显改善。这一系列目标的提出，解决了人民群众最关心的问题，构建出全面建成小康社会的美好愿景。

2012年11月15日，当时刚刚当选中共中央总书记的习近平同志说，"我们的人民热爱生活，期盼有更好的教育、更稳定的工作、更满意的收入、更可靠的社会保障、更高水平的医疗卫生服务、更舒适的居住条件、更优美的环境"，"孩子们能成长得更好、工作得更好、生活得更好"。他用朴实的语言，道出了人民心中的梦想，拨动了海内外中华儿女的心弦。这个梦想，是人民对民族复兴的美好憧憬、是对全面小康的群众表达、是党的十八大描绘的全面小康蓝图的生动呈现。

至此，中国共产党对建设小康社会的认识又进入了一个新的阶段。从"建立小康社会"到"全面建设小康社会"，再到"全面建成小康社会"，一个个战略目标的提出，体现了中国共产党对小康社会孜孜不倦的追求，也体现了中国共产党实事求是、与时俱进的优良品质。形成了全面、系统、完善的小康社会建设理论，而"全面建成小康社会"的新要求成为我国国家战略的新部署。"全面建成小康社会"的提出，解决了"三步走"战略中如何圆满完成第二步这一重要问题，将建设小康社会的发展目标进一步细化，而将"建设"转变为"建成"，更加体现了建设小康社会的阶段性，即在全国人民的共同努力下，我国建设小康社会已经进入收官阶段，但仍需要朝着目标不断努力。"建成"二字有着强大的凝聚力，带给广大人民以无限的信心和动力，实现中华民族伟大复兴的中国梦。

五、党的十九大系统论述全面建成小康社会

中国共产党第十九次全国代表大会系统论述了全面建成小康社会的科学内涵。大会的主题是：不忘初心，牢记使命，高举中国特色社会主义伟大旗帜，决胜全面建成小康社会，夺取新时代中国特色社会主义伟大胜利，为实现中华民族伟大复兴的中国梦不懈奋斗。这个新时代，是承前启后、继往开来、在新的历史条件下继续夺取中国特色社会主义伟大胜利的时代，是决胜全面建成小康社会、进而全面建设社会主义现代化强国的时代，是全国各族人民团结奋斗、不断创造美好生活、逐步实现全体人民共同富裕的时代，是全体中华儿女同心、奋力实现中华民族伟大复兴中国梦的时代，是我国日益走近世界舞台中央、不断为人类作出更大贡献的时代。

中国特色社会主义进入新时代，我国社会主要矛盾已经转化为人民日益增长的美好生活需要和不平衡不充分的发展之间的矛盾。我国稳定解决了十几亿人的温饱问题，总体上实现小康，不久将全面建成小康社会，人民美好生活需要日益广泛，不仅对物质文化生活提出了更高要求，而且在民主、法治、公平、正义、安全、环境等方面的要求日益增长。同时，我国社会生产力水平总体上显著提高，社会生产能力在很多方面进入世界前列，更加突出的问题是发展不平衡不充分，这已经成为满足人民日益增长的美好生活需要的主要制约因素。

新时代中国特色社会主义思想，明确坚持和发展中国特色社会主义，总任务是实现社会主义现代化和中华民族伟大复兴，在全面建成小康社会的基础上，分两步走在21世纪中叶建成富强民主文明和谐美丽的社会主义现代化强国；明确新时代我国社会主要矛盾是人民日益增长的美好生活需要和不平衡不充分的发展之间的矛盾，必须坚持以人民为中心的发展思想，不断促进人的全面发展、全体人民共同富裕；明确中国特色社会主义事业总体布局是"五位一体"、战略布局是"四个全面"，强调坚定道路自信、理论自信、制度自信、文化自信；明确全面深化改革总目标是完善和

发展中国特色社会主义制度、推进国家治理体系和治理能力现代化；明确全面推进依法治国总目标是建设中国特色社会主义法治体系、建设社会主义法治国家；明确党在新时代的强军目标是建设一支听党指挥、能打胜仗、作风优良的人民军队，把人民军队建设成为世界一流军队；明确中国特色大国外交要推动构建新型国际关系，推动构建人类命运共同体；明确中国特色社会主义最本质的特征是中国共产党领导，中国特色社会主义制度的最大优势是中国共产党领导，党是最高政治领导力量，提出新时代党的建设总要求，突出政治建设在党的建设中的重要地位。

改革开放之后，我们党对我国社会主义现代化建设作出战略安排，提出"三步走"战略目标。解决人民温饱问题、人民生活总体上达到小康水平这两个目标已提前实现。在这个基础上，我们党提出，到建党一百年时建成经济更加发展、民主更加健全、科教更加进步、文化更加繁荣、社会更加和谐、人民生活更加殷实的小康社会，然后再奋斗三十年，到中华人民共和国成立一百年时，基本实现现代化，把我国建成社会主义现代化国家。

从2019年到2020年，是全面建成小康社会决胜期。要按照党的十六大、十七大、十八大提出的全面建成小康社会各项要求，紧扣我国社会主要矛盾变化，统筹推进经济建设、政治建设、文化建设、社会建设、生态文明建设，坚定实施科教兴国战略、人才强国战略、创新驱动发展战略、乡村振兴战略、区域协调发展战略、可持续发展战略、军民融合发展战略，突出抓重点、补短板、强弱项，特别是要坚决打好防范化解重大风险、精准脱贫、污染防治的攻坚战，使全面建成小康社会得到人民认可、经得起历史检验（见表2-1）。

从党的十九大到二十大，是"两个一百年"奋斗目标的历史交汇期。我们既要全面建成小康社会、实现第一个百年奋斗目标，又要乘势而上开启全面建设社会主义现代化国家新征程，向第二个百年奋斗目标进军。

坚决打赢脱贫攻坚战。让贫困人口和贫困地区同全国一道进入全面小康社会是我们党的庄严承诺。要动员全党全国全社会力量，坚持精准扶贫、

表2-1 党的代表大会对小康社会的重要表述

大会名称	大会主题	发展阶段	时间	目标	内涵	定量描述	主要任务	检验标准	地方进度
十六大	全面建设小康社会,为开创中国特色社会主义新事业新局面而奋斗	进入全面建设小康社会,加快推进社会主义现代化的发展的新阶段	建党一百年	全面建设惠及十几亿人口的更高水平的小康社会,使经济更加发展,民主更加健全,科教更加进步,文化更加繁荣,社会更加和谐,人民生活更加殷实	现在达到的小康还是低水平的、不全面的、发展很不平衡的小康社会主义政治、社会主义政治文明,是全面建设小康社会的重要目标	国内生产总值到2020年力争比2000年翻两番	最根本的是坚持以经济建设为中心,不断解放和发展社会生产力 统筹城乡经济社会发展,建设农村经济,增加农民收入,是全面建设小康社会的重大任务 全面建设小康社会,必须大力发展社会主义文化,建设社会主义精神文明 建立巩固的国防是我国现代化建设的战略任务,是维护国家安全统一和全面建设小康社会的重要保障	这次大会确立的全面建设小康社会的目标,是中国特色社会主义经济、政治、文化全面发展的目标,是与加快推进现代化相统一的目标	有条件的地方可以发展得更快一些,在全面建设小康社会的基础上,率先实现基本实现现代化

第二章 全面建成小康社会的科学内涵与评价标准

续表

大会名称	大会主题	发展阶段	时间	目标	内涵	定量描述	主要任务	检验标准	地方进度
十七大	为夺取全面建设小康社会新胜利而奋斗	今后五年是全面建设小康社会的关键时期	确保到2020年实现全面建成小康社会的奋斗目标	增强发展协调性，努力实现经济又好又快发展 扩大社会主义民主，更好保障人民权益和社会公平正义 加强文化建设，明显提高全民族文明素质 加快发展社会事业，全面改善人民生活 建设生态文明，基本形成节约能源资源和保护生态环境的产业结构、增长方式、消费模式	人民生活总体上达到小康水平，同时收入分配差距拉大趋势还未根本扭转，城乡贫困人口和低收入人口还有相当数量，统筹兼顾各方面利益难度加大	人均国内生产总值到2020年比2000年翻两番	发展，对于全面建设小康社会，加快推进社会主义现代化，具有决定性意义 解决好农业、农村、农民问题，事关全面建设小康社会大局，必须始终作为全党工作的重中之重 在全面建设小康社会进程中实现富国和强军的统一	到2020年全面建设小康社会目标实现之时，我们这个历史悠久的文明古国和发展中社会主义大国，将成为工业化基本实现、综合国力显著增强、国内市场总体规模位居世界前列的国家，成为人民富裕程度普遍提高、生活质量明显改善、生态环境良好的国家，成为人民享有更加充分民主权利、具有更高文明素质和精神追求的国家，成为各方面制度更加完善、社会更加安定团结又更加充满活力、对外更加开放、更加具有亲和力，为人类文明做出更大贡献的国家	

续表

大会名称	大会主题	发展阶段	时间	目标	内涵	定量描述	主要任务	检验标准	地方进度
十八大	为全面建成小康社会而奋斗	确保到2020年实现全面建成小康社会宏伟目标	就一定能在中国共产党成立一百年时全面建成小康社会	经济持续健康发展 人民民主不断扩大 文化软实力显著增强 人民生活水平全面提高 资源节约型、环境友好型社会建设取得重大进展	在全面建设小康社会进程中推进实践创新、理论创新、制度创新,强调坚持以人为本,全面协调可持续发展,提出构建社会主义和谐社会,加快生态文明建设		全面建成小康社会,必须以更大的政治勇气和智慧,不失时机深化重要领域改革,坚决破除一切妨碍科学发展的思想观念和体制机制弊端,构建系统完备、科学规范、运行有效的制度体系,使各方面制度更加成熟、更加定型		

— 58 —

续表

大会名称	大会主题	发展阶段	时间	目标	内涵	定量描述	主要任务	检验标准	地方进度
十九大	决胜全面建成小康社会，为实现中华民族伟大复兴的中国梦不懈奋斗	从现在到2020年，是全面建成小康社会决胜阶段	要全面建成小康社会，实现第一个百年奋斗目标	建成经济更加发展、民主更加健全、科教更加进步、文化更加繁荣、社会更加和谐、人民生活更加殷实的小康社会		确保到2020年我国现行标准下农村贫困人口实现脱贫，贫困县全部摘帽	要按照党的十六大、十七大、十八大提出的全面建成小康社会各项要求，紧扣我国社会主要矛盾变化，统筹推进经济建设、政治建设、文化建设、社会建设、生态文明建设，坚定实施科教兴国战略、人才强国战略、创新驱动发展战略、乡村振兴战略、区域协调发展战略、军民融合发展战略，特别是要坚决打好防范化解重大风险、精准脱贫、污染防治的攻坚战	使全面建成小康社会得到人民认可、经得起历史检验 坚决打赢脱贫攻坚战，让贫困人口和贫困地区同全国一道进入全面小康社会是我们党的庄严承诺	

精准脱贫，坚持中央统筹、省负总责、市县抓落实的工作机制，强化党政一把手负总责的责任制，坚持大扶贫格局，注重扶贫同扶志、扶智相结合，深入实施东西部扶贫协作，重点攻克深度贫困地区脱贫任务，确保到2020年我国现行标准下农村贫困人口实现脱贫，贫困县全部摘帽，解决区域性整体贫困，做到脱真贫、真脱贫。

中国人民必须紧密团结在以习近平同志为核心的党中央周围，必须以更大的信心和勇气，以更多的智慧和努力，投入到全面建成小康社会的伟大事业之中，早日实现中华民族伟大复兴的中国梦。

第二节 习近平总书记关于全面建成小康社会的重要论述

习近平总书记近年来关于全面建成小康社会发表了一系列重要论述，思想内容十分丰富，内在逻辑十分严密，形成了关于全面建成小康社会的一系列完整表述和完备体系。这些新理念、新思想、新战略，对于全国广大党员干部群众深刻理解全面建成小康社会的重大意义，对于统一全党思想，把思想和行动统一到党中央决策部署上来，对于按照"五位一体"总体布局和"四个全面"战略布局，准确把握全面建成小康社会的基本要求和重点任务，用新的发展理念引领和推动经济社会发展，夺取全面建成小康社会决胜阶段的伟大胜利，实现"两个一百年"奋斗目标、实现中华民族伟大复兴的中国梦，具有十分重要的意义。

一、全面建成小康社会的重大意义

全面建成小康社会，不仅对于我们老百姓的生活，而且对于我们整个国家的发展，乃至长远的发展来说，都具有十分重大的意义。这可以从以下三个方面来看：

第一个方面，从全面建成小康社会与实现中华民族伟大复兴的中国梦的关系来看。"两个一百年"奋斗目标是紧密联系、相互交融的。全面建成小康社会是第一个一百年的奋斗目标，是实现中华民族伟大复兴的关键一步。这个目标的完成，实际上是为完成第二个一百年的奋斗目标奠定扎实、宝贵的基础。也就是说，假如这个任务不能高质量如期完成，第二个一百年奋斗目标的基础就不扎实，就难以实现。所以说，能不能实现全面建成小康社会的奋斗目标，对于能不能实现中华民族伟大复兴的中国梦至关紧要。

第二个方面，从全面建成小康社会在"四个全面"战略布局中所处的地位来看。"四个全面"战略布局是新的历史条件下我们党治国理政的总方略，也是实现中华民族伟大复兴的中国梦的重要保障。"四个全面"战略布局是从谋划如何全面建成小康社会引发的，是紧紧围绕着怎么实现全面建成小康社会的战略目标提出来的。"四个全面"战略布局有其内在逻辑。其中，全面建成小康社会是我们的战略目标，在"四个全面"中居于引领的地位。其他三个"全面"，即全面深化改革、全面依法治国、全面从严治党，是重要的战略举措，它们都为实现全面建成小康社会的目标提供重要保障。比如说全面深化改革，它是解决动力源泉的问题，要通过改革来解放社会生产力，为完成全面建成小康社会的目标任务提供动力。从全面依法治国来说，主要是为全面建成小康社会提供法治保障。习近平总书记有一个很形象的比喻，全面深化改革和全面依法治国对于全面建成小康社会，犹如鸟之两翼、车之双轮，为全面建成小康社会提供动力源泉和法治保障，共同推动全面建成小康社会事业滚滚向前。全面从严治党，实际上是为实现全面建成小康社会的奋斗目标提供根本保证的。

第三个方面，从怎样全面建成小康社会的这个"全面"来看。习近平总书记说得很清楚，全面建成小康社会强调的不仅是小康，而且更重要、更难的是"全面"。所谓全面小康，有三点重要的含义：一是覆盖的领域要全面，"五位一体"都要全面进步。就是不仅经济要发展，而且政治、文化、社会、生态都要一起全面进步。二是覆盖的人口要全面，是惠及全体人民的。不能一部分人小康了，另一部分人还没有小康，全面小康要覆盖全部人口，惠及全体人民。三是覆盖的区域也得全面。不仅城市里要实现小康，中西部地区、农村地区，包括贫困地区，也得实现小康。所谓"全面"的意义，就体现在这里。

要全面建成小康社会，最难的是贫困地区怎么脱贫。这是全面建成小康社会面临的最大的一个短板。假如这部分人脱贫问题不解决，即便我们到2020年的时候一平均，指标尽管也达到了，但假如这个时候还有几千万人口没有脱贫实现小康，也不能说全面建成小康社会了。一是老百姓不会满意，二是国际社会也会觉得这样的全面小康是有水分的。所以，"十三五"规划很明确，把现行标准下农村贫困人口全部脱贫作为全面小康的一个基本的标志、基本的标准。从这个角度来说，全面建成小康社会的意义十分重大。这是十几亿人民群众，包括贫困地区人民群众，一个不落、同步迈入小康社会。这也是实现人民群众多年来的美好梦想。

二、全面建成小康社会与五大发展理念之间的内在联系

发展是解决中国所有问题的关键，或者说是一把钥匙。到2020年全面建成小康社会，很重要的一个指标就是要实现国内生产总值和城乡居民人均收入比2010年翻一番。要实现这个目标，完成这个任务，很重要的一方面就是要保持经济持续健康的发展，这样我们才会有雄厚的物质基础。

但是，今天我们的发展遇到了许多新情况、新问题，其中最突出的就是，经济发展进入了新常态。进入新常态之后，我们的经济增长速度从过去平均10%左右高速增长，变为7%左右这样的中高速增长。在速度变化的背后，反映出更深层的问题，还是结构的优化和动力的转换问题。过去40年快速发展，实际上很大程度上是靠劳动力、资本这些要素的投入，靠规模的扩张发展起来的。当时因为我们的起点比较低，资源环境空间相对比较大，允许我们放开手脚来大开发、大发展。但是，现在经过40年的快速发展之后，资源、环境承载能力已经达到或接近上限，我们的发展遇到了劳动力，特别是资源环境的瓶颈约束，难以承载高消耗、粗放型的发展了。

习近平总书记说："对人的生存来说，金山银山固然重要，但绿水青

山是人民幸福生活的重要内容，是金钱不能代替的。"即使老百姓挣到钱了，但是假如没有了干净的空气，喝不上干净的水，即便是全面建成小康了，幸福指数肯定要打折扣。所以，生态环境在今天来说，既是一个重大经济问题，同时也是一个重大社会问题，还是一个重大政治问题。习近平总书记说得很清楚，生态环境问题归根结底是经济发展方式问题。今天这样严峻的资源环境问题，实际上在倒逼着我们的发展必须调结构、转方式，不能再沿用过去那种粗放的发展方式来发展了，不能再像过去那样靠要素来驱动了，还是得靠创新驱动，必须以新的发展理念引领今天的发展。这也就是今天我们之所以要树立和落实新发展理念的一个深刻背景。

习近平总书记说得很清楚，五大发展理念的提出，"是针对我国经济发展进入新常态、世界经济复苏低迷开出的药方"。所谓药方，就是要用它来解决我们今天发展所面临的突出矛盾和问题，包括结构调整方面的问题、动力转换方面的问题，等等。当然，五大发展理念中，创新、协调、绿色、开放、共享五个方面，是不可分割的整体，相互联系、相互贯通、相互促进，要一体坚持、一体贯彻，不能顾此失彼，也不能相互替代。五大发展理念中，创新、协调、绿色、开放、共享五个方面都非常重要，但其中创新是摆在第一位的，特别重要，处于核心地位。这是因为，创新是引领发展的第一动力。可以说，抓住了创新，就抓住了牵动经济社会发展的"牛鼻子"，就抓住了主要矛盾。这就是为什么在全面建成小康社会的进程中，习近平总书记和党中央要那么突出强调实施创新驱动发展战略，也是为什么在全国科技创新大会、两院院士大会、中国科协第九次全国代表大会上，总书记又提出要建设世界科技强国这样的奋斗目标。

三、全面建成小康社会是五位一体的全面发展和全面进步

习近平总书记反复强调，全面建成小康社会覆盖的领域要全面，是包括经济建设、政治建设、文化建设、社会建设、生态文明建设在内的五位一体的全面发展。全面建成小康社会，要求经济更加发展、民主更加健全、科教更加进步、文化更加繁荣、社会更加和谐、人民生活更加殷实。

改革开放以来，我们一直坚持经济建设这个中心。今天，我们除了坚持这一指导方针之外，还要推进经济建设、政治建设、文化建设、社会建设、生态文明建设全面发展，特别要注意促进现代化建设的各个方面、各个环节协调发展，不能长的很长、短的很短。

改革开放以来形成的经济建设这个中心是我们的兴国之要，解决我国面临的所有问题都要靠发展，这是我们必须长期坚持的一个根本指导方针。党的十八大以来，习近平总书记围绕经济建设提出了一系列新思想、新观点、新论断，其中一个重大战略思想，就是经济发展新常态。从大背景来看，我国目前的发展正进入跨越"中等收入陷阱"阶段并向高收入国家发展的历史阶段。在这样的历史阶段，我们面临的风险、矛盾、问题比从低收入国家向中等收入国家发展的时期更多、更复杂。所以，十八大之后，习近平总书记很快就敏锐地认识到，我国发展仍然面临不少风险和挑战，特别是不平衡、不协调、不可持续的问题依然很突出，有的还是相当尖锐的。总书记要求要深入分析这些问题存在的原因。2014年5月，他在河南考察工作的时候，就初步提出了经济发展新常态的重要论断，强调要保持战略定力。随后，围绕"对新常态怎么看、新常态下怎么干"，他在一系列重要讲话中，对于经济发展新常态的科学内涵、基本特点等作出了一系列的精辟阐述。

习近平总书记关于经济发展新常态的重要论述大体上有这么几个方面。首先，在这样一个发展阶段，我国经济领域出现了许多方面的趋势性变化，无论是消费需求、投资需求，还是出口和国际收支，包括生产能力和产业组织方式，生产要素的相对优势，资源环境的约束，市场竞争的特点，经济风险的积累和化解，资源配置的模式和宏观调控的方式，都出现了一些新的趋势性变化。理解经济发展新常态，先要充分认识到这些变化。这些变化呈现出一系列的特点，大体上有这么几个方面：我国经济增长的速度从高速增长转向中高速增长，经济发展方式从规模速度型粗放式的增长转向质量效率型集约式的增长，经济结构的调整也从增量扩能为主转向调整存量、做优增量并举的深度调整这样一个阶段，同时，经济发展的动力也从传统的增长点转向新的增长点。所以，总书记分析这几个方面的趋势性变化和几个转变，明确系统地告诉我们怎样认识经济发展新常态背后的原因。他要求全党在这个问题上要统一思想，勇闯关口，大胆创新，要坚持用新的理念引领和推动经济发展，特别是要注意落实好宏观政策要稳、产业政策要准、微观政策要活、改革政策要实、社会政策要托底这样的五大政策支柱，努力做好十个方面的工作重点转变，或者做到"十个更加注重"。这"十个更加注重"，实际上就是说我们在推动经济发展过程中怎么办的问题。总书记强调，推动经济发展要更加注重经济发展的质量和效益，稳定经济增长要更加注重推进供给侧结构性改革，实施宏观调控要更加注重引导市场行为和社会心理预期，调整产业结构要更加注重加减乘除并举，推进城镇化要更加注重以人为核心，促进区域发展要更加注重人口经济资源环境空间均衡，保护生态环境要更加注重促进绿色发展、促进形成绿色的生产方式和消费方式，保障和改善民生要更加注重针对特定群体特殊困难的精准帮扶，进行资源配置要更加注重使市场在资源配置中起决定性作用，扩大改革开放要更加注重推进高水平的双向开放。要在这样的基础上，在新的历史起点上，不断开创经济社会发展的新局面。

围绕着主动把握、积极引领经济发展新常态，习近平总书记还提出了一系列其他的新思想、新观点。比如，要使市场在资源配置中起决定性作用和更好地发挥政府的作用，积极推进供给侧结构性改革，要大力实施创新驱动发展倡议，实施"一带一路"倡议、京津冀协同发展战略和长江经济带战略。他还强调，要深化农村改革，推进新型城镇化，加快实施自由贸易区战略，等等。

为了使全党对经济发展新常态有一个正确的认识，习近平总书记特别强调要注意克服几种倾向性的问题。第一，新常态不是一个事件，不要用好或坏来评判。第二，新常态不是一个筐，不要什么都往里面装。第三，新常态不是一个避风港，不能把不好做、难做好的工作都归结为新常态。新常态不是不干事，不是不要发展，不是不要国内生产总值，它强调的是要更好发挥主观能动性，以改革创新的精神推进我们的发展。

在政治建设方面，习近平总书记强调实现中国梦，必须走中国道路，必须凝聚中国力量，要坚定对中国特色社会主义政治制度的自信，坚持从我国的国情出发设计和发展国家政治制度，使各方面的制度更加成熟更加定型，为我国的长治久安提供一整套更加完备、更加系统、更加稳定、更加管用的制度体系。党的十八届三中全会作出了全面深化改革的决定，关于全面深化改革的总目标，明确提出就是要完善和发展中国特色社会主义制度、推进国家治理体系和治理能力现代化。十八届四中全会作出的关于全面推进依法治国的决定，强调全面推进依法治国的总目标是建设中国特色社会主义法治体系，建设社会主义法治国家。十九大上，习近平总书记进一步从战略高度出发，对国家治理体系和治理能力现代化提出了一系列新的要求，可以说是一本大力推进国家治理体系和治理能力现代化的宣言书。它首次明确提出了国家治理现代化的时间表和路线图，提出这一目标的实现应当按照"两步走"的思路来进行战略推进，"从 2020 年到 2035 年，在全面建成小康社会的基础上，再奋斗 15 年，基本实现社会主义现代化"，同时让"各方面制度更加完善，国家治理体系和治理能力现代化基本实现"。并指出"从 2035 年到本世纪中叶，在基本实现现代化的基础上，再奋斗 15 年，把我国建成富强民主文明和谐美丽的社会主义现代化强国"，这个目标中也包括"实现国家治理体系和治理能力现代化"。这标志着国家治理体系和治理能力现代化已经成为我国"两个一百年"奋斗目标中的重要组成部分。

国家治理体系和治理能力现代化既是一个战略目标，也是一个支撑体系，能够为我国在新时期推进经济、政治、文化、社会以及生态文明建设，全面建成小康社会提供重要支撑。国家治理现代化的思路和逻辑贯穿"五位一体"的各个部分。无论是经济建设部分的"全面实施市场准入负面清单制度""深化商事制度改革""完善市场监管体制""加快建立现代财政制度""健全金融监管体系"，还是民主政治部分的"发挥社会主义协商民主重要作用""深化依法治国实践""深化机构和行政体制改革"，抑或是文化繁荣部分的"建立网络综合治理体系""深化文化体制改革，完善文化管理体制",以及社会治理部分的"完善城镇职工基本养老保险和城乡居民基本养老保险制度""深化医药卫生体制改革""加强社区治理体系建设",生态建设部分的"加快建立绿色生产和消费的法律制度和政策导向""构建政府为主导、企业为主体、社会组织和公众共同参与的环境治理体系""改革生态环境监管体制"等,这些都是国家治理现代化体系在统筹推进"五位一体"总体布局中的具体体现,也成为推进具体目标实现和工作开展的重要利器,同时也表明我国已经将国家治理现代化充分融入到各个具体领域工作中。

行政体制改革是推进国家治理体系和治理能力现代化的重要部分,党的十九大报告提出要继续"深化机构和行政体制改革",将改革目标设置为"科学配置党政部门及内设机构权力、明确职责"。报告一方面继续沿袭了过去5年在"转变政府职能""深化简政放权"以及"创新监管方式"所开展的改革方向。另一方面创造性地提出了"赋予省级及以下政府更多自主权,在省市县对职能相近的党政机关探索合并设立或合署办公",这实际上是抓住了多年来我国行政体制改革的牛鼻子,即不仅从政府职能部门,而且从党政关系的高度来重新审视和探索部门机构整合改革。这将不仅有利于优化政府机构改革效果、提高行政效率、降低行政成本,而且还有助于推进党政关系科学化。

文化建设方面,习近平总书记近年来在全国宣传思想工作、文艺工作、网络安全和信息化工作、哲学社会工作等一系列重要会议上,分别围绕着这些重要问题提出了一些新思想、新观点、新论断。他强调实现中国梦必须弘扬中国精神,要坚定文化自信,强调文化自信是更基本、更深沉、更持久的力量。要把培育和弘扬社会主义核心价值观作为凝魂聚气、强基固本的基础性工程,要注重继承和弘扬中华民族优秀传统文化。

围绕社会建设,习近平总书记强调人民对美好生活的向往就是我们的奋斗目标,强调让老百姓过上好日子是我们一切工作的出发点和落脚点,明确提出要按照守住底线、突出重点、完善制度、引导舆论这样一个思路,切实做好保障和改善民生的各项工作,切实维护社会公平正义。还提出要坚持总体国家安全观，努力走出一条中国特色国家安全道路。扶贫攻坚是全面建成小康社会的一个重大问题，所以他特别强调，要把农村贫困人口脱贫作为全面建成小康社会的基本标志，实施精准扶贫、精准脱贫。这样的一些新论断，都突出地反映了总书记围绕加强社会建设提出的一些新思想。

生态文明建设方面，习近平总书记也提出了一些重要新思想。比如，建设生态文明是实现中国梦的重要内容，要建设美丽中国，为人民创造良好的生产和生活环境。既要绿水青山，也要金山银山，这是他多次强调的。要努力补齐生态环境这个全面建成小康社会的突出短板，要以系统工程的思路来抓好生态文明建设，实行最严格的生态环境保护制度，还要在全社会注意营造保护生态环境的良好社会风气，等等。

四、全面建成小康社会要增强本领和抓落实

办好中国的事情关键在党。能不能如期全面建成小康社会，关键也在我们党。习近平总书记多次强调，如果不沉下心来抓落实，再好的规划、再好的蓝图，也只是镜中花、水中月。关于全面建成小康社会，党中央已经作出了战略部署，现在的关键是要提高我们党领导经济社会发展的能力，要把党中央确定的各项战略部署、各项重点任务落到实处。习近平总书记从多个方面提出了提高能力和贯彻落实的问题，概括起来，大体上有四个方面的重点要求。

第一个方面是强调要以高度的政治责任感和使命感，自觉担负起全面建成小康社会、实现中华民族伟大复兴的历史重任。经过不懈努力，我们离实现全面建成小康社会的目标越来越近了，即将要实现这样一个目标，同时，中华民族伟大复兴的前景也越来越光明。但是越是在这样一个紧要时刻、关键时期，越是不能"为山九仞，功亏一篑"。全面建成小康社会的大幕已经拉开，现在正是需要我们咬紧牙关的时候，正是需要我们屏息聚气的时候，也正是需要我们比拼意志的时候。所以总书记强调，决胜全面建成小康社会的伟大进军，每一个中国人都有自己的责任。这是大家共

建共享的事,跟每个人都有关系的事,不能说与我无关。对于领导干部来说,要勇于担当,不能遇到事情往后跑,该做的要做。对于广大人民群众来说,要增强主人翁意识。全党全国人民要心往一处想、劲往一处使,拧成一股绳,以必胜的信心、昂扬的斗志和扎实的努力投入全面建成小康社会的伟大进军。总书记曾经动情地说,60多年前,党中央离开西柏坡时,毛泽东同志说是"进京赶考"。全面建成小康社会,实现"两个一百年"奋斗目标,实现中华民族伟大复兴的中国梦,就是这场考试的继续,我们一定要努力交出一份优异的答卷。

第二个方面是强调要增强本领,不断提高解决改革发展基本问题的能力。能不能如期建成小康社会,从根本上来讲,取决于我们党在经济社会发展中能不能很好地发挥领导核心作用,取决于我们党领导发展的能力和水平。现在我们国家的发展领域不断拓宽,分工日趋复杂,形态也更加高级,国际国内的联动更加紧密,跟以往不一样了。这些都对我们党提高领导发展的能力提出了新的更高的要求。面对新形势、新情况、新问题,很多同志还缺乏做好工作的本领,存在着"本领不足、本领恐慌甚至本领落后"的现象。有的领导干部习惯以老思路、老套路来应对,甚至有的领导干部在工作中蛮干、盲干。针对这样一些现象,习近平总书记强调,领导工作必须有专业思维、有专业素养,还要有专业方法。他要求全党特别是各级领导干部一定要善于学习、善于重新学习,要有本领不够的危机感,以时不待我的精神,一刻不停地增强本领,努力成为经济社会管理的行家里手。只有全党的本领不断增强了,全面建成小康社会的目标才能如期实现,实现中华民族伟大复兴的中国梦才能梦想成真。

第三个方面是强调要充分调动广大干部的积极性,靠实干把目标变为现实。"空谈误国、实干兴邦。"实干是我们党的优良传统,全面建成小康社会也要求如此,也要靠实干。习近平总书记强调要发扬钉钉子的精神,真正做到一张好的蓝图一干到底,切实干出成效来,用新的思路、新的举措,脚踏实地地把既定的目标、绘制的蓝图变为现实。总书记特别强调,党的干部是党的事业的骨干。干是当头的,既要想干、愿干、积极干,还得会干、能干、善于干，其中积极性又是首要的。针对一些干部中出现的"为官不为"的问题，总书记强调要解决这样一个问题，就要更广泛、更有效地调动干部队伍的积极性，不断提高各级领导干部工作的精气神。特别要注意保护那些作风正派、敢于担当的干部，要把这些优秀干部及时选拔到各级领导班子中来，激励他们更好地带领群众干事创业，确保如期全面建成小康社会。

第四个方面是强调要不断接受马克思主义哲学智慧的滋养，掌握科学的思想方法、工作方法。关于这方面，习近平总书记有大量的论述，特别是党的十八大以来，他特别强调方法问题，十分重视马克思主义哲学的学习和运用，要求领导干部要把马克思主义哲学作为看家本领，不断提高运用马克思主义的立场、观点、方法分析和解决问题的能力。他指出，马克思主义哲学深刻揭示了客观世界特别是人类社会发展的一般规律，在当今时代依然具有强大的生命力，依然是指导我们共产党人前进的强大思想武器。实现"两个一百年"奋斗目标，实现中华民族伟大复兴的中国梦，必须不断接受马克思主义哲学智慧的滋养。他强调，要更加自觉地坚持和运用辩证唯物主义的世界观和方法论，把握好工作中存在的一系列关系，比如说，现象和本质、形式和内容、原因和结果、偶然和必然、可能和现实、内因和外因、共性和个性等这样一系列的关系，努力提高战略思维、历史思维、辩证思维、创新思维、底线思维的能力，增强我们工作中的科学性、预见性、主动性和创造性，把全面建成小康社会的各项工作任务落实好。

第三节 全面建成小康社会的核心要求和检验标准

一、全面建成小康社会最重要的是"全面"

习近平总书记多次指出："全面建成小康社会，强调的不仅是'小康'，而且更重要的也是更难做到的是'全面'。""'小康'讲的是发展水平,'全面'讲的是发展的平衡性、协调性、可持续性。"习近平还强调,如果到2020年我们在总量和速度上完成了目标,但发展不平衡、不协调、不可持续问题更加严重,短板更加突出,就算不上真正实现了目标。我们要牢牢抓住全面这个核心要求,全国一盘棋,协调发展,不让任何一个领域滞后,不让任何一个人掉队,不让任何一个区域落下,努力缩小差距,实现共同富裕、全面小康。

1. 覆盖的领域要全面

全面小康是五位一体的全面小康,覆盖的领域要全面。习近平总书记指出:"全面小康社会要求经济更加发展、民主更加健全、科教更加进步、文化更加繁荣、社会更加和谐、人民生活更加殷实。要在坚持以经济建设为中心的同时,全面推进、政治建设、文化建设、社会建设、生态文明建设,促进现代化建设各个环节、各个方面协调发展,不能长的很长、短的很短。"

中国特色社会主义建设事业如何进行总体布局,是一个重大战略课题。总布局就是总体筹划和总体安排,是对中国特色社会主义事业各个组成部分的战略地位及其内在逻辑关系的准确规定,是从总揽和统摄全局的高度就这一事业所做的最重大、最根本的战略部署。党对中国特色社会主义事业总体布局也有一个不断丰富和不断完善的过程,跨越40年,历经多次丰富和完善。改革开放初期,党中央明确提出,社会主义不但要有高度的物质文明,还要建设高度的精神文明,"两个文明"一起抓。1986年,党的十二届六中全会首次提出以经济建设为中心,坚定不移地进行经济体制改革、坚定不移地进行政治体制改革、坚定不移地加强精神文明建设的总体布局。"三位一体"总体布局一直延续到党的十六大。党的十六届六中全会提出构建社会主义和谐社会的重大任务,总体布局拓展为"四位一体",增加了社会建设。党的十八大提出生态文明建设,总体布局拓展为"五位一体"。党的十八大提出:"全面落实经济建设、政治建设、文化建设、社会建设、生态文明建设五位一体总体布局,促进现代化建设各方面相协调,促进生产关系与生产力、上层建筑与经济基础相协调,不断开拓生产发展、生活富裕、生态良好的文明发展道路。"站在新的历史方位，党的十九大对我国社会主义现代化建设作出新的战略部署，并明确以"五位一体"的总体布局推进中国特色社会主义事业，从经济、政治、文化、社会、生态文明五个方面，制定了新时代统筹推进"五位一体"总体布局的战略目标，是新时代推进中国特色社会主义事业的路线图，是更好推动人的全面发展、社会全面进步的任务书。

新时代"五位一体"总体布局是一个相互联系、相互促进的有机整体，既不可分割又各有自己的特定领域和特殊规律，彼此形成了内在的互动关系。经济建设是根本，政治建设是保障，文化建设是灵魂，社会建设是条件，生态文明建设是基础，共同致力于全面提升我国物质文明、政治文明、精神文明、社会文明、生态文明，统一于把我国建成富强民主文明和谐美丽的社会主义现代化强国的新目标。五位一体是一个整体性目标要求，任何一个方面发展滞后都会影响全面建成小康社会目标的实现。只有坚持以经济建设为中心，各方面建设全面推进、协调发展，才能形成经济富裕、政治民主、文化繁荣、社会公平、生态良好的发展格局。经过多年努力，我们在五大建设领域都有了前所未有的长足发展，但按照全面建成小康社会的要求，仍然有许多急需补齐的短板。这就要求我们正视短板，想方设法补齐短板。只有把各个领域的短板基本补齐，才能全面推进经济建设、政治建设、文化建设、社会建设、生态文明建设，促进现代化建设各个环节和各个方面全面发展、协调发展。习近平总书记指出："生态文明建设就是突出短板。在30多年持续快速发展中，我国农产品、工业品、服务产品的生产能力迅速扩大，但提供优质生态产品的能力却在减弱，一些地方生态环境还在恶化。这就要求我们尽力补上生态文明建设这块短板，切实把生态文明的理念、原则、目标融入经济社会发展各方面，贯彻落实到各级各类规划和各项工作中。主体功能区是国土空间开发保护的基础制度，也是从源头上保护生态环境的根本举措，虽然提出了多年，但落实不力。我国960多万平方公里的国土，自然条件各不相同，定位错了，之后的一切都不可能正确。要加快完善基于主体功能区的政策和差异化绩效考核，推动各地区依据主体功能定位发展。要坚持保护优先、自然恢复为主，实施山水林田湖生态保护和修复工程，加大环境治理力度，改革环境治理基础制度，全面提升自然生态系统稳定性和生态服务功能，筑牢生态安全屏障。"

2. 覆盖的人口要全面

全面小康是惠及全体人民的小康，覆盖的人口要全面。全面建成小康社会，是全民共享的小康，不仅要从总体上、总量上实现小康，更重要的是让农村和贫困地区尽快赶上来，让所有人民都进入小康，一个不少。习近平总书记指出："共享发展是人人享有、各得其所，不是少数人共享、一部分人共享。"他多次强调，"小康不小康，关键看老乡""全面建成小康社会，最艰巨最繁重的任务在农村，特别是在贫困地区""绝不能让一个少数民族、一个地区掉队，要让13亿中国人民共享全面小康的成果"。

要补齐民生领域的短板，让广大人民群众共享改革发展成果。目前，在社会保障、教育就业、公共服务等社会民生领域存在不少短板，积累了不少问题，同人民对美好生活的期待之间还存在很大差距。习近平指出："全面建成小康社会突出的短板主要在民生领域，发展不全面的问题很大程度上也表现在不同社会群体民生保障方面。'天地之大，黎元为先。'要按照人人参与、人人尽力、人人享有的要求，坚守底线、突出重点、完善制度、引导预期，注重机会公平，着力保障基本民生。"农村贫困人口脱贫是最突出的短板。虽然全面小康不是人人同样的小康，但如果现有的农村贫困人口生活水平没有明显提高，全面小康也不能让人信服。农村贫困人口脱贫是全面建成小康社会的基本标志，必须实施精准扶贫、精准脱贫，以更大决心、更精准思路、更有力措施，采取超常举措，实施脱贫攻坚工程，确保我国现行标准下农村贫困人口实现脱贫、贫困县全部摘帽、解决区域性整体贫困。习近平在《中共中央关于制定国民经济和社会发展第十三个五年规划的建议》的说明中指出："通过实施脱贫攻坚工程，实施精准扶贫、精准脱贫，7017万农村贫困人口脱贫目标是可以实现的。通过采取过硬的、管用的举措，今后每年减贫1000万人的任务是可以完成的。具体讲，到2020年，通过产业扶持，可以解决3000万人脱贫；通过转移就业，可以解决1000万人脱贫；通过易地搬迁，可以解决1000万人脱贫，总计5000万人左右。还有2000多万完全或部分丧失劳动能力的贫困人口，可以通过全部纳入低保覆盖范围，实现社保政策兜底脱贫。"

解决好社会公平正义问题，也是全面建成小康社会的重要标志。习近平指出："全面深化改革必须着眼创造更加公平正义的社会环境，不断克服各种有违公平正义的现象，使改革发展成果更多更公平惠及全体人民。如果不能给老百姓带来实实在在的利益，如果不能创造更加公平的社会环境，甚至导致更多不公平，改革就失去意义，也不可能持续。"我国经济发展的"蛋糕"不断做大，但分配不公问题比较突出，收入差距、城乡区域公共服务水平差距较大。在共享改革发展成果上，无论是实际情况还是制度设计，都还有不完善的地方。为此，我们必须坚持发展为了人民、发展依靠人民、发展成果由人民共享，做出更有效的制度安排，使全体人民朝着共同富裕方向稳步前进，绝不能出现"富者累巨万，而贫者食糟糠"的现象。习近平多次指出："'蛋糕'不断做大了，同时还要把'蛋糕'分好。我国社会历来有'不患寡而患不均'的观念。我们要在不断发展的基础上尽量把促进社会公平正义的事情做好，既尽力而为，又量力而行，努力使全体人民在学有所教、劳有所得、病有所医、老有所养、住有所居上持续取得新进展。"

3. 覆盖的区域要全面

全面小康是城乡区域共同的小康，覆盖的区域要全面，一个地区也不能少。习近平总书记指出："我们实现第一个百年奋斗目标、全面建成小康社会，没有老区的全面小康，特别是没有老区贫困人口脱贫致富，那是不完整的。"从区域来看，到2020年全面建成小康社会意味着全国各个地区都要迈入小康社会，而不是大部分地区进入了小康社会，少数地区还处在贫困状态。经过40年的改革发展，我国绝大部分地区已经从传统的落后农业社会进入了全面进步的现代社会。但是，部分农村特别是西部地区发展仍然滞后。我们必须加大统筹城乡发展、统筹区域发展的力度，推进城乡发展一体化，努力缩小区域发展差距。不仅要缩小国内生产总值总量和增长速度的差距，而且要缩小居民收入水平、基础设施通达水平、基本公共服务均等化水平、人民生活水平等方面的差距。只有把落后地区的发展搞上去，补齐短板，才能实现全面小康社会。

要逐步缩小城乡和区域差距，实现协调发展、均衡发展。习近平指出："努力缩小城乡区域发展差距，是全面建成小康社会的一项重要任务。"我们发展的目的是人民富裕、国家强盛，而发展最大的差距是城乡差距和区域差距，这也是现代化建设最大的难题。从城乡看，6亿多农民与6亿多城镇人口的收入差距超过3倍；从区域看，东部人均国内生产总值平均超过8000美元，中西部最低的地方只有1000多美元，差距也是巨大的。逐步缩小这两大差距，必须加快推进城乡发展一体化。习近平指出："城乡联动，就是要打破城乡二元结构，把发展块状经济与推进城市化结合起来，与推进区域经济协调发展结合起来，与加快农业农村现代化结合起来。"习近平强调："要把工业和农业、城市和乡村作为一个整体统筹谋划，促进城乡在规划布局、要素配置、产业发展、公共服务、生态保护等方面相互融合和共同发展。着力点是通过建立城乡融合的体制机制，形成以工促农、以城带乡、工农互惠、城乡一体的新型工农城乡关系，目标是逐步实现城乡居民基本权益平等化、城乡公共服务均等化、城乡居民收入均衡化、城乡要素配置合理化，以及城乡产业发展融合化。"缩小区域差距，要实施国家区域发展总体战略，促进区域协调发展。"十三五"规划纲要提出："以区域发展总体战略为基础，以'一带一路'建设、京津冀协同发展、长江经济带发展为引领，形成沿海沿江沿线经济带为主的纵向横向经济轴带，塑造要素有序自由流动、主体功能约束有效、基本公共服务均等、资源环境可承载的区域协调发展新格局。"随着西部大开发、中部崛起以及东北等老工业基地振兴等一系列区域发展战略的推进，区域经济增长极、增长带和增长点呈现出从南到北、由东至西不断拓展的新局面。同时，老少边穷地区发展也取得明显成效。中西部地区经济增速已经连续6年超过东部地区，区域发展的相对差距逐步缩小，区域差距进一步扩大的趋势得到初步遏制。

二、全面建成小康社会的检验标准

2017年7月26日,习近平总书记在省部级主要领导干部"学习习近平总书记重要讲话精神,迎接党的十九大"专题研讨班上再次明确全面建成小康社会的两个检验标准,他指出:"我们要按照党的十六大、十七大、十八大提出的全面建成小康社会各项要求,突出抓重点、补短板、强弱项,特别是要坚决打好防范化解重大风险、精准脱贫、污染防治的攻坚战,坚定不移深化供给侧结构性改革,推动经济社会持续健康发展,使全面建成小康社会得到人民认可、经得起历史检验。"

1. 得到人民认可

全面建成小康社会的出发点和落脚点就是要让老百姓过上好日子,就是要抓住人民最关心最直接最现实的利益问题,就是要想群众之所想、急群众之所急、解群众之所困。只有让人民群众满意了,让人民群众认可了,全面建成小康社会的目标才算真正实现了。习近平总书记指出:"我们要顺应人民群众对美好生活的向往,坚持以人民为中心的发展思想,以保障和改善民生为重点,发展各项社会事业,加大收入分配调节力度,打赢脱贫攻坚战,保证人民平等参与、平等发展权利,使改革发展成果更多更公平惠及全体人民,朝着实现全体人民共同富裕的目标稳步迈进。"

习近平指出:"不断提高人民生活质量和水平,是我们一切工作的出发点和落脚点,也是全面建成小康社会的根本目的。"人民对美好生活的向往,就是我们的奋斗目标。我们的人民热爱生活,期盼有更好的教育、更稳定的工作、更满意的收入、更可靠的社会保障、更高水平的医疗卫生服务、更舒适的居住条件、更优美的环境,期盼孩子们能成长得更好、工作得更好、生活得更好。全面建成小康社会,不是一个"数字游戏",只有解决好人民群众普遍关心的这些突出问题,才能获得人民群众的认可。习近平指出:"我们要随时随刻倾听人民呼声、回应人民期待,保证人民平等参与、平等发展权利,维护社会公平正义,在学有所教、老有所得、病有所医、老有所养、住有所居上持续取得新进展,不断实现好、维护好、发展好最广大人民根本利益,使发展成果更多更公平惠及全体人民,在经济社会不断发展的基础上,朝着共同富裕方向稳步前进。"

全面小康是全体中国人民的小康,不能有人掉队。习近平指出:"'十三五'规划作为全面建成小康社会的收官规划,必须紧紧扭住全面建成小康社会存在的短板,在补齐短板上多用力。比如,农村贫困人口脱贫,就是一个突出短板。我们不能一边宣布全面建成了小康社会,另一边还有几千万人口的生活水平处在扶贫标准线以下,这既影响人民群众对全面建成小康社会的满意度,也影响国际社会对我国全面建成小康社会的认可度。"因此,要坚决打赢脱贫攻坚战,确保到2020年所有贫困地区、贫困人口一道迈入全面小康社会。习近平指出:"全面建成小康社会,13亿人要携手前进。让几千万农村贫困人口生活好起来,是我心中的牵挂。我们吹响了打赢扶贫攻坚战的号角,全党全国要同心,着力补齐这块短板,确保农村所有贫困人口如期摆脱贫困。对所有困难群众,我们都要关爱,让他们从内心感受到温暖。"

2. 经得起历史检验

实现全面建成小康社会的奋斗目标,既深深体现了今天中国人的理想,也深深反映了先人们的不懈追求。小康社会自古以来就是人民孜孜以求的美好理想。回顾历史,小康社会的标准随着社会生产力的发展而发展,始终在不断调整、不断提高。《诗经》中,用"小康"这个词来表示安乐的生活状态。《礼记》中则将小康社会定义为:"今大道既隐,天下为家。各亲其亲,各子其子,货力为己。大人世及以为礼,城郭沟池以为固。礼义以为纪,以正君臣,以笃父子,以睦兄弟,以和夫妇,以设制度,以立田里,以贤勇知,以功为己……"中华人民共和国成立后,建设小康社会被正式提上日程。邓小平同志用小康来诠释中国式现代化,提出分"三步走"的宏大布局:以1980年为基点,到1990年实现国民生产总值翻一番,解决温饱问题;到20世纪末国民生产总值再翻一番,达到小康水平;到21世纪中叶,人均国民生产总值达到中等发达国家的水平,基本实现现代化。世纪之交，在提前完成了原定发展目标的基础上，党中央又提出了"进入"小康以后，还有一个"建设"小康社会的问题，并形成了新的翻两番、"三步走"战略。党的十六大提出要在 21 世纪头 20 年全面建设惠及十几亿人口的更高水平的小康社会；党的十七大提出了全面建设小康社会的新要求；党的十八大则作出了全面建成小康社会的新部署，明确提出到 2020 年全面建成小康社会；党的十九大提出要决胜全面建成小康社会，按照党的十六大、十七大、十八大提出的全面建成小康社会各项要求，紧扣我国社会主要矛盾变化，统筹推进经济建设、政治建设、文化建设、社会建设、生态文明建设，坚定实施科教兴国战略、人才强国战略、创新驱动发展战略、乡村振兴战略、区域协调发展战略、可持续发展战略、军民融合发展战略，突出抓重点、补短板、强弱项，特别是要坚决打好防范化解重大风险、精准脱贫、污染防治的攻坚战，使全面建成小康社会得到人民认可、经得起历史检验。从"进入"到"建设""全面建设"，再到"全面建成"，建设小康社会的内涵在不断丰富，建设小康社会的要求在不断提高。可以看出，全面建成小康社会这一目标是从历史中走来的，也必将接受历史的检验。

全面建成小康社会不仅承接历史，也连接未来。它是实现第二个百年奋斗目标和中华民族伟大复兴的关键一步和关键环节，只有如期实现全面建成小康社会的目标，才能实现中国梦。我们即将建成的小康社会，是要经得起历史检验的全面小康，不是"政绩工程"，更不是"面子工程"；它一手托举着中国人民的幸福生活，一手托举着中华民族的梦想；它告慰先人，激励后人，启迪世界。我们即将建成的全面小康社会，是政治、经济、社会、文化、生态五位一体全面发展的美好社会；是"富强、民主、文明、和谐"的美丽中国；是"自由、平等、公正、法治"的正义中国；是"创新、协调、绿色、开放、共享"的进步中国。习近平指出："必须考虑更长远时期的发展要求，全面贯彻创新、协调、绿色、开放、共享的新发展理念，加快形成适应经济发展新常态的经济发展方式，这样才能建成高质量的小康社会。"

全面建成小康社会，是我们党向人民、向历史作出的庄严承诺，是13亿多中国人民的共同期盼，是历史赋予我们的艰巨使命，也是我们应有的历史担当。习近平指出："我们要坚定信心、扎实工作，坚决打赢脱贫攻坚战，切实关心和扶持各类困难群众，努力建成人民群众满意、高质量的小康社会。"

第四节 全面建成小康社会评价指标

全面建成小康社会的要求可从七个方面进行衡量：经济发展、民主健全、科教进步、文化繁荣、社会和谐、生活殷实、环境友好。全面建成小康社会量化分析过程包括各项指标数值、权重及指标实现程度的确定三个方面。单一指标的数值根据指标定义所推导出的公式直接计算得出。各项单一指标的权重结合指标的重要程度和各项指标的历史值综合确定，力求充分体现各项指标在全面建成小康社会进程中的贡献。指标实现程度根据指标自身的特性、数值及目标值计算得出，如果指标与目标值正相关，则数值大于等于目标值，为100%，如果指标与目标值负相关，则数值小于等于目标值，为100%。二级指标按照权重合成一级指标，一级指标再按照各自的权重合成全面建成小康社会进程综合评价指标。其中，经济发展类指标的权重为20%、民主健全类指标的权重为10%、科教进步类指标的权重为15%、文化繁荣类指标的权重为10%、社会和谐类指标的权重为10%、生活殷实类指标的权重为20%、环境友好类指标的权重为15%（见表2-2）。

表2-2 全面建成小康社会评价指标

一级指标		二级指标	单位	权重	目标值
经济发展（20）	1	人均GDP（2010年不变价）	万元	5.0	≥5.7
	2	中西部地区人均GDP/全国人均GDP	%	5.0	≥85
	3	第三产业增加值占GDP比重	%	5.0	≥55
	4	城镇人口比重	%	5.0	≥60

续表

一级指标		二级指标	单位	权重	目标值
民主健全（10）	5	基层民主参选率	%	4.0	≥95
	6	每万名公务人员检察机关立案人数	人/万人	3.0	≤8
	7	每万人口拥有律师数	人	3.0	≥2.3
科教进步（15）	8	研发经费支出占GDP比重	%	4.0	≥2.5
	9	每万人口发明专利拥有量	件	4.0	≥3.5
	10	平均受教育年限	年	7.0	≥10.5
文化繁荣（10）	11	文化及相关产业增加值占GDP比重	%	5.0	≥5
	12	有线广播电视入户率	%	2.0	≥60
	13	互联网普及率	%	3.0	≥50
社会和谐（10）	14	社会安全指数	%	4.0	=100
	15	劳动报酬在初次分配中的比重	%	3.0	≥50
	16	居民收入在国民收入分配中的比重	%	3.0	≥60
生活殷实（20）	17	城镇居民家庭人均可支配收入	元	4.0	≥25000
	18	农村居民家庭人均纯收入	元	4.0	≥10000
	19	贫困县数量	个	3.0	≤0
	20	恩格尔系数	%	3.0	≤40
	21	平均预期寿命	岁	3.0	≥76
	22	每千人口拥有执业医师数	人	3.0	≥1.95
环境友好（15）	23	单位GDP能耗（2010年不变价）	吨标准煤/万元	3.0	≤0.6
	24	单位GDP水耗（2010年不变价）	立方米/万元	2.0	≤110
	25	非化石能源占一次能源的比重	%	2.0	≥15
	26	森林覆盖率	%	2.0	≥25
	27	城市空气质量优良天数比例	%	4.0	≥75
	28	城市生活垃圾无害化处理率	%	2.0	≥85

资料来源：笔者绘制。

第三章　全面建成小康社会发展现状分析

党的十八大提出了"2020年全面建成小康社会"的宏伟目标，2018年距离我国进入全面建成小康社会还有不到两年的时间，全面、多角度了解我国全面小康社会的建设情况，有着非常重要的意义。课题组对经济发展、文化建设、三大攻坚、民主法治、文化建设、城市小康等方面的发展现状进行了调查分析。

第一节　经济平稳发展

中国经济保持稳中向好的发展态势，为2020年全面建成小康社会奠定了坚实基础。改革开放40年来，我国工业化、信息化、城镇化、现代化、国际化快速推进，产业结构不断优化提升，科技进步和自主创新能力明显提高，经济实力、科技实力、国防实力、综合国力进入世界前列。经济实力显著增强。2017年，我国国内生产总值按不变价格计算比1978年增长33.5倍，年均增长9.5%，平均8年翻一番，远高于同期世界经济平均2.9%的增长速度。据世界银行统计，中国经济总量跃升为世界第二位，2017年中国经济总量是排名世界第一的美国经济总量的62%，占世界经济总量的15%左右。2013~2017年，中国对世界经济增长的年均贡献率超过30%，日益成为世界经济增长的动力之源、稳定之锚。按照国际货币基金组织提供的数据，1980年，在148个有人均GDP数据的国家中，中国以311.63美元排在第130位；2017年，在有统计的193个国家中，中国人均

GDP 为 8690 美元，排在第 76 位，实现了从低收入国家向中上等收入国家的历史性跨越。主要产品产量大幅度增加，粮食、棉花等主要农产品和百余种工业产品产量位居世界第一位。我国已由一个落后的农业国成长为世界制造业大国，重大交通、能源、信息网络等基础设施体系趋于完善。科学技术快速发展，创新型国家建设成果丰硕，天宫、蛟龙等重大科技成果相继问世，研发经费投入强度达到中等发达国家水平，居发展中国家前列。对外开放实现飞跃式发展。1979~2017 年，中国货物贸易从 206 亿美元增加到 4.1 万亿美元，连续多年稳居第一大世界货物贸易国。服务贸易进出口总额连续 4 年保持世界第二位。40 年来，我国累计吸收外国直接投资 1.9 万亿美元，2017 年我国吸收外商投资规模位列世界第二位。我国已实现从大规模"引进来"到大踏步"走出去"。2013~2017 年，我国对外直接投资总额为 7310.7 亿美元，截至 2017 年底，我国对外直接投资累计总额达 18090.4 亿美元。

2018 年，各地狠抓落实，形成了以高质量增长为目标的详细"施工图"（见表 3-1），各省份设定新一年经济目标增速，有些省份经济目标增速与上一年持平，部分省份对 2018 年目标增速较 2017 年进行了不同程度的下调。下调目标增速，是尊重经济运行客观规律的必然要求，也是遵循经济发展实际的现实选择。打好三大攻坚战，关系到能否迈向高质量发展。面对异常复杂严峻的国内外环境，各地区各部门以习近平新时代中国特色社会主义思想为指导，全面贯彻党的十九大和十九届二中、三中全会精神，坚持稳中求进工作总基调，坚定践行新发展理念，主动对标高质量发展要求，攻坚克难，扎实工作，国民经济延续总体平稳、稳中向好的发展态势，结构调整深入推进，新旧动能接续转换，质量效益稳步提升，经济迈向高质量发展起步良好。

表 3-1 2017~2018 年全国及各省份 GDP 增速

全国及各省份	2017 年 GDP 增速（%）	2018 年预期目标（%）	2018 年第三季度 GDP 增速（%，可比价格）
全国	6.9	6.5	6.7

续表

全国及各省份	2017年GDP增速（%）	2018年预期目标（%）	2018年第三季度GDP增速（%，可比价格）
贵州	10.2	10	9.0
西藏	10	11以上	—
云南	9.5	8.5	9.1
重庆	9.3	10	6.3
江西	8.9	8.5	8.8
安徽	8.5	8.5	8.2
福建	8.1	8.5	8.3
四川	8.1	7.5	8.1
湖南	8	8	7.8
陕西	8	8	8.4
浙江	7.8	7以上	8.0
河南	7.8	7.5以上	7.4
湖北	7.8	8	7.9
宁夏	8	8	7.0
新疆	7.6	7以上	—
广东	7.5	7以上	6.9
山东	7.4	7.5	6.5
广西	7.5左右	7.3	7.0
青海	7.3	7.5左右	6.8
江苏	7.2	7~7.5	6.7
海南	7	7左右	5.4
山西	7	5.5	6.1
上海	6.9	6.5	6.6
北京	6.7	6.5	6.7
河北	6.7	7左右	6.6
黑龙江	6.4	6~6.5	5.5（1~8月）
吉林	5.3	7	4.0
辽宁	4.2	6.5	5.4
内蒙古	4	7.5	5.1
天津	3.6	8	3.5
甘肃	3.6	7.5	6.3

资料来源：根据各省份统计公报与相关数据整理。

但从2018年1~9月各省GDP增速来看，全国31个省份前三季度经济增速表现不如上半年好。数据分别包括云南为9.1%、贵州为9%。江西、安徽、福建、四川、陕西、浙江六省增速均超过8%，这些省份的GDP增速接近或超过年初的预期目标。另外，前三季度GDP实际增速超过全国6.7%这个平均水平的有15个省份。受中美贸易摩擦影响，外向型经济依赖度比较高的省份经济增速影响较大，全年实现年初预期目标有一定难度，全国经济依然面临比较大的下行压力，需要各省份更加扎实稳步推进。

世界银行在2018年5月《中国经济简报》中称，在世界主要经济体中，世界银行上调了中国2018年经济增长预期为6.5%。世界银行预计中国的中期增长将逐步放缓，有序实现经济再平衡，预计中国2018~2020年经济增速分别为6.5%、6.3%、6.2%。预测认为，2018年中国的GDP总量或将达到13.46万亿美元，按目前增速来说，2018年中国达到这个目标应该不难。到2020年，中国经济保持稳中向好态势，从经济角度看，一定能按既定的步伐全面建成小康社会。

全国人民生活大幅度改善。城乡居民收入大幅度提升，1978年全国居民人均可支配收入仅171元，2017年全国居民人均可支配收入达到25974元，扣除价格因素，比1978年实际增长22.8倍，年均增长8.5%。我国7亿多贫困人口成功脱贫，贫困发生率降到3.1%。城乡居民恩格尔系数分别从1978年的57.5%和67.7%，降到2017年的28.6%和31.2%。1978年，我国9.6亿人口中有7.9亿农民，占82%；在4亿多从业人员中有农民2.8亿人，占70%，是典型的农业大国。2017年底，我国城镇常住人口占总人口的58.52%，73%的从业人员在工业和服务业岗位工作。人均预期寿命从1981年的67.8岁提高到2017年的76.7岁。改革开放初期，我国只有20%多一点的就业人口享有社会保障。2017年，以基本养老制度、基本医疗制度和最低生活保障制度为支柱的覆盖全民的多层次社会保障体系已经基本建成。全国人民生活从贫困走向小康，正按照既定的步伐迈向全面建成小康社会。

第二节　三大攻坚战取得成效

2018年，中央经济工作会议按照党的十九大的要求，2018~2020年要重点抓好决胜全面建成小康社会的防范化解重大风险、精准脱贫、污染防治三大攻坚战。全面了解"三大攻坚战"的进展情况，是全面建成小康社会评价的重要内容。

2017年7月，习总书记在省部级主要领导干部"学习习近平总书记重要讲话精神，迎接党的十九大"专题研讨会上，首次作出关于"三大攻坚战"的重要论述："到2020年全面建成小康社会，实现第一个百年奋斗目标，是我们党向人民、向历史作出的庄严承诺，我们要按照中共十六大、十七大、十八大提出的全面建成小康社会各项要求，突出抓重点、补短板、强弱项，特别是要坚决打好防范化解重大风险、精准脱贫、污染防治的攻坚战，坚定不移深化供给侧结构性改革，推动经济社会持续健康发展，使全面建成小康社会得到人民认可、经得起历史检验。"2018年3月5日，国务院总理李克强代表国务院向十三届全国人大一次会议做政府工作报告，对打好"三大攻坚战"的"作战图"进行了详细部署。2018年4月2日，习总书记在主持召开中央财经委员会第一次会议上，关于"打好三大攻坚战"发表重要讲话时强调：防范化解金融风险，事关国家安全、发展全局、人民财产安全，是实现高质量发展必须跨越的重大关口。精准脱贫攻坚战已取得阶段性进展，只能打赢打好。环境问题是全社会关注的焦点，也是全面建成小康社会能否得到人民认可的一个关键，要坚决打好打胜这场攻坚战。我国正处于全面建成小康社会的决胜期，三大攻坚战扎实推进，成效显著。

从打好防范化解重大风险攻坚战的进展来看，从宏观指标来看，2017年，广义货币供应量与国内生产总值之比（M2/GDP）为2.0，比2016年有所下降；政府债务率为36.2%，低于国际通用的60%警戒线。按照党的十九大要求，重点是防控金融风险，要服务于供给侧结构性改革这条主线，促进形成金融和实体经济、金融和房地产、金融体系内部的良性循环，做好重点领域风险防范和处置，坚决打击违法违规金融活动，加强薄弱环节监管制度建设。

当前，中国经济基本面良好，金融风险总体可控，转型升级加快推进，经济进入高质量发展阶段，国际收支稳定，跨境资本流动大体平衡。2018年11月2日，中国人民银行（以下简称央行）发布了2018年度《中国金融稳定报告》（以下简称《报告》），对2017年以来中国金融体系的稳健性状况进行了全面评估。《报告》认为，2017年以来的一系列防范化解金融风险的措施收到了显著成效，宏观杠杆率过快上升势头得到遏制，资管业务逐步回归代客理财本源，债券市场刚性兑付有序打破，市场约束显著增强，金融机构合规意识、投资者风险意识显著提升。总体来看，我国经济金融风险可控，不会发生系统性风险。报告称当前金融风险总体收敛，金融乱象得到初步治理，金融运行总体稳定，全球经济和金融市场仍存在较大不确定性，中国经济在由高速增长向高质量增长的转型与结构调整过程中，一些"灰犀牛"性质的金融风险可能仍将释放。2019年，随着防范化解重大风险攻坚战的持续推进，体制机制性风险将会逐步得到平稳治理和化解，金融稳定运行的基础将会更加稳固，金融服务实体经济的能力和风险抵御防范能力也将进一步增强。

党的十八大以来，根据全面建成小康社会的新要求和贫困状况的变化，提出了脱贫攻坚的目标任务和基本方略，改革创新扶贫体制机制，全面打响脱贫攻坚战。这几年，贫困地区新建改建农村公路50多万公里，解决了1400多万贫困人口饮水安全问题，改造了700多万贫困农户危房，对870万贫困人口实施易地扶贫搬迁，为1300万贫困户累计发放扶贫小额信贷5200亿元，自然村通电接近全覆盖，71%的自然村通了宽带，完成9.7万所义务教育薄弱学校改造任务，累计救治420多万大病和慢性病贫困患者，在生态扶贫等方面也做了大量工作。五年累计减贫6853万人，连续保持每年1000万人以上的减贫规模，创造了中国扶贫史上的最好成绩。截至2017年底我们国家在深度贫困地区，贫困发生率超过18%的县还有110

个，贫困发生率超过20%的村还有16000多个。打赢攻坚战，可以为未来减少相对贫困探索经验，建立可持续发展的体制机制，包括当前正在实施的，也包括未来将制止的制度，主要包括因地制宜，分类施策，精准帮扶等方面的体制机制。具体而言：一是组织了几百万人逐村逐户采集核实贫困信息，统一建档立卡，把扶持对象找出来，解决"扶持谁"的问题。二是选派数百万干部到贫困村驻村帮扶，把"谁来帮、怎么帮"定下来，现在有过百万的党政机关、企事业单位的工作人员驻在贫困村进行帮扶，解决"谁来扶"的问题。三是加强基础设施和公共服务建设，让贫困地区的生产生活条件逐步好起来，根据贫困人口致贫原因，让帮扶措施实施起来，解决"怎么扶"的问题。四是对贫困人口退出和贫困县摘帽进行专项评估检查，注重脱贫质量，解决"如何退"的问题，确保脱贫实效经得起实践和历史检验。精准扶贫、精准脱贫方略的贯彻实施，促进了农村全面深化改革，培养锻炼了大批干部，提升了农村的治理能力和工作水平。

完善了扶贫攻坚政策体系：一是建立脱贫攻坚的责任体系，实行中央统筹、省负总责、市县抓落实的工作体制，中西部22个省份党政主要负责同志向中央签署脱贫攻坚责任书、立下军令状，攻坚期内贫困县党政正职保持稳定，省、市、县、乡、村五级书记抓攻坚。二是建立脱贫攻坚政策体系，制定超常规的政策措施，打出组合拳，不断改善贫困人口生产生活条件，支持发展产业和就业扶贫，对生活在一方水土养不活一方人的地方的贫困人口实行搬迁。三是建立脱贫攻坚的投入体系，加大财政资金、金融资金和土地政策支持力度，现在每年有过万亿元资金投向贫困县乡村用于攻坚。四是建立脱贫攻坚动员体系，广泛动员全党全社会力量参与扶贫。五是建立脱贫攻坚监督体系，促进责任落实、政策落实、工作落实。六是建立脱贫攻坚考核体系，对省级党委和政府扶贫开发工作成效每年进行考核，对做得好的进行表彰奖励，对做得不好的进行执纪问责。

关于污染防治攻坚战，2018年中央经济工作会议指出，要使主要污染物排放总量大幅减少，生态环境质量总体改善，重点是打赢蓝天保卫战，调整产业结构，淘汰落后产能，调整能源结构，加大节能力度和考核，调整运输结构。从生态环境部通报的数量来看，污染防治攻坚战已经全面铺开。2018年7月，中共中央发布《关于全面加强生态环境保护坚决打好污染防治攻坚战的意见》（以下简称《意见》），对生态环境保护、污染防治攻坚战进行了详尽的安排，明确了打好污染防治攻坚战的任务书、时间表和路线图，标志着我国污染防治攻坚战全面打响。《意见》发布后，污染防治攻坚战各标志性重大战役陆续部署，各战役实质性行动全面展开。同时，污染防治工作部署中责任更加明确、法制更加健全、督查更加全面。2018年8月31日，党的十三届全国人大常委会第五次会议表决通过了《土壤污染防治法》，该法已于2019年1月1日起施行。《土壤污染防治法》填补了我国环境污染防治法律体系缺失的关键部分，将食品安全、公众健康和环境安全统筹协调，大大提升了我国环境保护立法的水平和层次。第一，明确了政府的土壤污染防治责任，实行土壤污染防治目标责任制和考核评价制度，加大了政府问责力度，强化了部门联动机制。第二，明确了不同情形下的土壤污染责任人和责任形式。第三，为了增强对风险管控、修复活动效果的监督，建立了全国土壤环境信息平台和土壤环境信息共享机制。第四，建立了土壤有毒有害物质的防控和重点监管单位管控制度。第五，建立了类型化的土壤污染风险管控和修复制度。第六，借鉴区域外的先进经验，建立了土壤污染防治基金制度。第七，明确要求建立土壤污染防治标准体系和土壤污染状况监测制度。此外，水污染防治、蓝天保卫战全面扎实推进。一是地表水质自动监测站的建设进展顺利。2050个国家地表水考核断面水站中，除280个不具备建站条件外，1770个断面将实现自动监测并全国联网。截至2018年7月12日，1452个水站已实现数据联网，联网率为82%。按照水站建设安排，需地方新建水站959个，目前除海南省分洪桥断面水站外，958个站房主体已全部完工，其中937个水站已完成内外装修和辅助设施建设。需填平补齐仪器设备并进行功能升级的地方已建水站530个，其中503个已完成仪器设备填平补齐，占94.9%。省级环保部门负责组织开展水站自查工作。959个新建水站已完成自查881个，占91.9%；530个已建水站完成自查318个，占60%。其中，天津、云南、甘肃3个省市已提交运维交接申请。二是加强2018~2019年蓝天保卫战重点区域强化督查工作进展的通报。尤其是京津冀地区实行定期督查与通报，及时发现问题，查实整改。三是相关法律法规不断完善。各级各部门聚焦蓝天保卫战。

第三节　民主法治不断健全

社会主义法治国家建设是社会主义建设事业的重要组成部分。从社会主义制度在中国建立以来，中国共产党就带领人民不断探索自己的法治之路。以党的十一届三中全会为标志，中国开启了改革开放的大门，也重新开启了中国社会主义法治国家建设历程，取得了辉煌成就。40年来，中国共产党带领人民不断发展社会主义民主政治，推进民主法治建设。不断完善我国基本政治制度，确立了"依法治国"作为国家的基本方略，形成了以宪法为核心的中国特色社会主义法律体系，推进政府职能转变，建设服务型政府。建设社会主义法治国家，不断推进国家治理体系和治理能力现代化，尤其是党的十八大以来，着力解决政府机构重叠、职责交叉、权责脱节，政府职能转变不到位以及同地方权责划分不合理等突出问题，实施党和国家机构改革。大力推进"放管服"改革，推行各级政府部门权力和责任清单编制试点。实施行业协会商会与行政机关脱钩改革，推进从事生产经营活动事业单位改革。深化统计管理体制改革。编制全国和地方资产负债表。实行领导干部自然资源资产离任审计。坚持建设中国特色社会主义法治体系，坚持全面推进科学立法、严格执法、公正司法、全民守法。推进司法制度改革，完善司法人员分类管理，推动省以下地方法院、检察院人财物统一管理。设立知识产权法院与巡回法院。改革人民法院案件受理制度，探索建立检察机关提起公益诉讼制度。我国民主政治建设有序推进，依法治国水平持续提升，基层群治体系不断健全，民众参政议政的获得感逐渐提升。

第四节 文化建设成效显著

在党中央的坚强领导下,各地区各部门坚持社会主义先进文化前进方向,深化文化体制改革,建立健全现代文化市场体系,构建完善公共文化服务体系,文化产业快速发展,文化事业普惠民生,文化强国建设稳步推进,文化改革发展取得令人瞩目的成就。特别是党的十八大以来,在以习近平同志为核心的党中央的正确领导下,各地区各部门坚持正确舆论导向,牢牢掌握文化改革发展主导权,扎实推进社会主义核心价值观建设,文化改革发展取得重大进展和显著成效。基层公共文化设施不断完善,文化投资布局更趋合理,文化产业增加值占GDP比重逐年提高,居民文化消费水平持续提升,对外文化贸易增长强劲,国际文化影响力日益增强。

一是公共文化服务持续优化。各级政府切实履行在文化领域的公共服务职能,不断加强现代公共文化服务体系建设,关注文化民生,强弱项、补短板,努力保障人民群众基本文化权益,初步建立了覆盖城乡的公共文化服务体系。"三馆一站"公共文化服务设施全部免费开放。基本实现了"县有公共图书馆、文化馆,乡有综合文化站"的建设目标。对"读书看报、收听广播、观看电视、观赏电影、送地方戏、设施开放、文体活动"7大基本公共文化服务项目,制定指导标准,明确保障底线,基本公共文化服务标准化、均等化建设得到加强。深入实施广播电视村村通、文化信息资源共享、农家书屋等重大文化惠民工程,公共文化服务能力和普惠水平不断提高,群众性文化活动日益丰富。基本公共文化设施逐渐完善。2017年,全国共有群众文化机构44521个,比1978年增加37628个,增长5.5倍,1979~2017年年均增长4.9%;博物馆4721个,比1978年增加4372个,增长12.5倍,年均增长6.9%;公共图书馆3166个,比1978年增加1948个,增长1.6倍,年均增长2.5%。广播电视覆盖面持续扩大。截至2017年底,全国广播综合人口覆盖率为98.7%,比1985年提高30.4个百分点;全国电视综合人口覆盖率99.1%,比1985年提高30.7个百分点。全国居民家庭彩色电视机拥有量从1990年平均每百户16.2台，到2017年平均每百户122.2台，增长6.5倍，1991~2017年年均增长7.8%。出版事业蓬勃发展。2017年，全国图书出版种类51.2万种，比1978年增加49.8万种，增长33.2倍，1979~2017年年均增长9.5%；图书总印数92.4亿册（亿张），比1978年增加54.7亿册（亿张），增长1.4倍，年均增长2.3%。全国期刊出版种类10130种，比1978年增加9200种，增长9.9倍，年均增长6.3%；期刊总印数24.92亿册，比1978年增加17.3亿册，增长2.3倍，年均增长3.1%。

二是公共文化投入不断加强。伴随经济快速发展和物质文化生活极大丰富，公共财政对文化建设的支持日益加强，公共文化设施建设力度不断加大，公共文化投入呈现加速增长趋势，有力支持和保证了公共文化事业的繁荣发展。改革开放以来，我国文化事业费逐年增加，2017年，全国文化事业费已达855.8亿元，占国家财政总支出的0.4%，与1978年的4.4亿元相比，增长192倍，1979~2017年年均增长14.4%。各地区高度重视公共文化服务建设，地区公共文化投入实现较快增长。特别是党的十八大以来，地方一般公共预算文化体育与传媒支出持续增加，公共文化服务建设稳步推进。2016年，地方一般公共预算文化体育与传媒支出2915亿元，比2012年增长40.5%。其中，东部地区1284亿元，增长47.2%；中部地区562亿元，增长54.8%；西部地区859亿元，增长29.1%；东北地区210亿元，增长20.7%。

三是文化投资规模持续扩大。在国家政策的引导和各级政府的努力下，我国文化产业固定资产投资规模逐年加大；同时向发展水平较低的中西部地区倾斜，区域投资布局更趋合理；社会资本进入文化产业领域步伐不断加快，投资主体日趋多元。2017年，我国文化产业固定资产投资额达38280亿元，比2005年增加35484亿元，增长12.7倍，2006~2017年年均增长24.4%；文化产业固定资产投资占全社会固定资产投资的比重为6.1%，比2005年提高2.8个百分点。分地区看，西部地区文化产业固定资产投资额为10470亿元，比2005年增长23.8倍，年均增长30.7%；所占比重为27.3%，比2005年提高12.2个百分点。中部地区为10472亿元，比2005年增长20.9倍，年均增长29.3%；所占比重为27.4%，比2005年提高10.3个百分点。东部地区为15891亿元，比2005年增长8.2倍，年均增长20.3%；所占比重为41.5%。东北地区为1447亿元，比2005年增长7.7倍，年均增长19.8%；所占比重为3.8%。文化产业规模不断扩大，新型文化业态迅猛崛起。改革开放以来，我国国民经济持续快速发展，社会心理从传统封闭向现代开放演变，文化消费需求质量不断提高、数量不断增加。与此同时，我国文化市场准入逐步放宽，市场主体、经营方式日趋多元，文化产业规模不断扩大。特别是党的十八大以来，文化与科技融合发展，传统文化企业转型升级，基于"互联网+"的新型文化业态成为文化产业发展的新动能和新增长点，文化产业呈现出全新的发展格局，稳步向国民经济支柱性产业迈进。

四是文化对就业拉动作用明显。文化产业门类众多，产业链条长，就业容量大，就业形式灵活多样，对促进就业具有重要意义。截至2016年底，我国文化产业法人单位共吸纳就业人员2178万人，比2013年增长23.8%，占全社会就业人员的比重为2.8%，比2013年提高0.5个百分点。分产业类型看，文化服务业吸纳就业能力最强。2016年，文化服务业吸纳就业人员1143万人，比2013年增长41.4%，占全部文化产业从业人员的比重为52.5%，比2013年提高6.5个百分点。文化制造业从业人员859万人，增长6.6%。文化批发和零售业从业人员175万人，增长19.8%。

五是城乡文化消费增长强劲、差距缩小。文化需求、文化消费是文化产业发展的基础，也是文化产业发展的目的，更是扩大内需的重要组成部分。改革开放以来，居民文化消费需求不断提升，多元化多层次文化消费格局逐渐形成。伴随新型城镇化持续推进和居民生活水平稳步提升，城乡居民文化消费支出不断提高，同时差距逐步缩小，为文化消费提供巨大的发展空间。2017年，全国居民用于文化娱乐的人均消费支出为850元，比2013年增长47.3%，2014~2017年年均增长10.2%，增速比同期全部人均消费支出提高1.7个百分点；文化娱乐支出占全部消费支出的比重为

4.6%，高于2013年4.4%的水平。分城乡看，2017年城镇居民人均文化娱乐消费支出1339元，比2013年增长41.5%，2014~2017年年均增长9.1%；农村居民人均文化娱乐消费支出261元，比2013年增长49.1%，年均增长10.5%。由于农村居民文化娱乐消费支出的增速高于城镇居民，城乡居民文化娱乐消费支出之比由2013年的5.4∶1，降低到2017年的5.1∶1。2017年，城镇居民家庭平均每百户彩色电视机拥有量为123.8台，比1990年增加64.8台，增长1.1倍，1991~2017年年均增长2.8%；农村居民家庭平均每百户彩色电视机拥有量为12台，比1990年增加115.3台，增长24.5倍，年均增长12.7%。2017年，城乡居民家庭平均每百户彩色电视机拥有量相差3.8台，与1990年54.3台相比，差距大幅缩小。随着城乡居民文化消费水平持续提升，大众精神文化需求增长强劲，有力推动文艺演出和电影市场快速发展。我国文化产业进入快速发展的新时期，呈现出朝气蓬勃的新局面。2017年，全国有艺术表演团体15742个，比1978年增加12592个，增长3倍，1979~2017年年均增长4.2%；全国艺术表演团体演出场次共计294万场，比1978年增加229万场，增长3.5倍，年均增长4%。2017年，全国艺术表演团体国内演出观众人次达到12.5亿人次，比2006年增加7.9亿人次，增长170.6%，2007~2017年年均增长9.5%。2017年，全国电影票房收入559亿元，比2006年增加502亿元，增长8.8倍，2007~2017年年均增长达到23%；电影院线拥有银幕50776块，比2006年增加47742块，增长15.7倍，年均增长达到29.2%。

展望2020年，在创新、协调、绿色、开放、共享的新发展理念指引下，我国文化产业发展将呈现高质量、跨越式的崭新局面，老百姓在文化方面的获得感和幸福感将不断提升，中华文化将持续焕发出创新活力与时代风采。

第五节 我国城市全面建成小康社会进展情况

中国信息协会信用专业委员会和竞争力智库2018年4月17日联合发布了《中国城市全面建成小康社会监测报告2017》，此报告以习近平新时代中国特色社会主义思想和中共十九大精神为指引,全面贯彻落实新发展理念,以党的十八大和党的十八届五中全会提出的全面建成小康社会新目标为标准,按照高质量发展和建设现代化经济体系的要求,借鉴国家有关部委、各省小康监测部门及相关科研机构统计与研究成果,构建了"中国城市全面建成小康社会监测体系"。体系分别从经济发展、人民生活、文化建设、生态环境和社会治理五个领域进行系统监测,形成"小康经济指数""小康生活指数""小康文化指数""小康生态指数"和"小康治理指数"五个小康分项指数,分别衡量各领域建成水平。五个小康分项指数集成"全面小康指数",衡量城市全面建成小康社会整体水平。此报告还显示,中国全面建成小康社会指数 2017 年创新高,达到 97%,这是全面小康指数评价体系建立七年来保持连续上升。在《中国城市全面建成小康社会监测报告 2017》中,依据"中国城市全面建成小康社会监测体系",利用各城市公开权威数据,对全国 31 个省、653 座城市在经济发展、人民生活、文化建设、生态环境、社会治理这五大方面全面建成小康社会的进程进行了系统性监测,发布了"中国城市小康分项指数等级 A+A+A+级以上城市""中国地级市全面小康指数前 100 名""中国县级市全面小康指数前 100 名"和中国省区市全面小康指数监测结果,形成了系列小康评价指数(见表 3-2)。

表 3-2 中国城市小康分项指数等级 A+A+A+级以上城市

城市类别	地级市	县级市
A+A+A+A+A+	江苏无锡市、常州市、镇江市,湖南长沙市,广东中山市	江苏张家港市
A+A+A+A+	广东深圳市、广州市、东莞市,浙江杭州市,江苏南京市、苏州市,福建厦门市,湖北武汉市	江苏江阴市、常熟市
A+A+A+	广东珠海市、佛山市、惠州市,新疆克拉玛依市,山东青岛市、烟台市、威海市,福建泉州市	江苏昆山市、扬中市、太仓市、宜兴市、丹阳市、溧阳市,山东荣成市、乳山市,福建石狮市

取得 3 个以上 A+级的城市即"中国城市小康分项指数等级 A+A+A+级以上城市",是全面建成小康社会中全面发展的优秀代表。在中国地级市全面小康指数前 100 名和中国县级市全面小康指数前 100 名中,小康分项指数 A+A+A+级以上城市有 33 个。中国地级市全面小康指数前 100 名城市,分布在 26 个省份,其中江苏、浙江、山东、广东和福建数量较多。分区域看,东部地区 52 个、中部地区 23 个、西部地区 19 个、东北地区 6 个。中国县级市全面小康指数前 100 名城市,分布在 23 个省份,其中浙江、江苏、山东、河南和福建数量较多。分区域看,东部地区 60 个、中部地区 21 个、西部地区 14 个、东北地区 5 个。

在全国 31 个省区市中,全面小康指数前 10 位分别为上海、北京、浙江、天津、江苏、广东、福建、山东、内蒙古和重庆。全面小康指数超预期点的省区份有 7 个。小康分项指数中,小康经济指数等级 A+级的省份有 3 个,小康生活指数等级 A+级的省份有 3 个,小康文化指数等级 A+级的省份有 2 个。

第四章　全面建成小康社会面临的突出问题和主要短板

全面建成小康社会进入决胜阶段，改革进入攻坚期和深水区，国际形势复杂多变，面对的改革发展稳定任务之重前所未有，面对的矛盾风险挑战之多前所未有。党的十九大报告指出："我国稳定解决了十几亿人的温饱问题，总体上实现小康，不久将全面建成小康社会，人民美好生活需要日益广泛，不仅对物质文化生活提出了更高要求，而且在民主、法治、公平、正义、安全、环境等方面的要求日益增长。"改革开放40年，我国总体上实现小康并取得巨大发展成就的同时，仍然存在一些短板弱项需要克服解决，亟待依据全面小康社会的目标要求逐项查漏补缺，确保2020年如期全面建成小康社会。我们通过文献研究、数据分析、专家访谈、归纳总结等研究方法，将我国全面建成小康社会面临的突出问题和主要短板概括为"一个主要矛盾、三大攻坚问题、五个发展短板"九个方面。

第一节　发展不平衡不充分矛盾凸显

全面建成小康社会，最重要最难做到的是"全面"。改革开放40年，我国社会生产力水平总体上显著提高，社会生产能力在很多方面进入世界前列。1978~2017年，我国国内生产总值（GDP）增长224倍，年均增长速度达到9.5%，占全球经济比重从1.8%提高到15%；1978年，我国GDP为3679亿元，全球排名第12位；2017年，我国GDP达827122亿元，全球排名第2位。党的十九大报告指出："中国特色社会主义进入新时代，我国社会主要矛盾已经转化为人民日益增长的美好生活需要和不平衡不充分的发展之间的矛盾。"当前，更加突出的问题是发展不平衡不充分，这是全面建成小康社会的主要制约因素。

一、东西部区域经济发展水平差距明显

随着经济快速增长，发展不平衡问题逐渐凸显，区域发展不平衡、城乡发展不平衡等问题更加突出，而区域发展差异是发展不平衡问题突出的关键原因。改革开放以来，我国居民收入总体上呈现逐年上升的发展趋势。根据全面建成小康社会指标体系的测算数据，2017年全国居民人均可支配收入（2010年不变价）达到21842元，实现程度为全面小康社会指标目标的87.37%。目前，不同区域之间的人均可支配收入存在巨大差距，东部地区人均可支配收入超过了全国人均可支配收入的标准，而中、西部及东北地区中，仅东北地区的数额与全国的平均数额相近，西部地区数额与全国平均数额相差较大。2017年东部地区的上海、北京、浙江的居民人均可支配收入位居前三名，分别达到58987.96元、57229.83元、42045.69元，但是，西部地区的贵州、甘肃、西藏的居民人均可支配收入只有16703.65元、16011.00元、15457.30元。我国经济结构不合理突出表现在区域发展不平衡，而发展潜力最大的地区为中西部贫困地区，尤其是西部贫困地区中的少数民族、边疆以及革命老区等地区。东部沿海地区地理位置优越，原材料丰富，人口密度大，为经济发展提供了生产资料与大量劳动力。西部地区由于资源禀赋不足，生产力水平相对落后，很难发挥自身优势，不论是城市基础设施还是农村基础设施都明显滞后，严重制约了西部地区发展。要加大基础设施建设投入力度，加快西部基础设施建设步伐，因地制宜积极引导产业转移，培育特色优势产业，以市场为导向，以资源为依托，着力推进优势转化，打造主导产业，促进新型城镇化和农业现代化的融合发展。贫困地区信息闭塞，互联网不健全、不完善，与富裕地区之间存在巨大的数字鸿沟，要发挥宽带网络在贫困地区脱贫攻坚中的作用，加快宽带网络向乡镇、村落延伸，改善贫困人口和贫困家庭上网条件，激发贫

困地区潜在的信息消费需求，对贫困人口大力开展技术培训和应用推广（见表 4-1），全国分地区居民人均可支配收入如表 4-1 所示。

表 4-1 全国分地区居民人均可支配收入（2013~2016 年）

单位：元

组别	2013 年	2014 年	2015 年	2016 年
东部地区	23658.4	25954.0	28223.3	30654.7
中部地区	15263.9	16867.7	18442.1	20006.2
西部地区	13919.0	15376.1	16868.1	18406.8
东北地区	17893.1	19604.4	21008.4	22351.5

资料来源：《中国统计年鉴》（2017）。

二、城乡发展不平衡问题显著

城乡二元结构、城乡发展差距直接影响全面建成小康社会的水平，城乡发展不平衡是目前制约我国全面建成小康社会的一个重大问题。1978 年，我国城乡居民的人均可支配收入分别为 343.4 元和 133.6 元；到了 2017 年，城乡居民的人均可支配收入各自上涨至 36396 元和 13432 元，分别是 1978 年的 106 倍和 100.5 倍。从城乡居民历年可支配收入的差距来看，1978 年为 209.8 元，到 2017 年已经攀升至 22964 元。根据统计数据计算，2013~2016 年，我国城镇和农村居民可支配收入的差距从 3.13 倍、3.10 倍、3.03 倍、2.97 倍逐年减少至 2017 年的 2.7 倍，收入差距仍然较大。经济收入的巨大差距，造成城乡之间社会发展程度、民生建设、社会保障等方面的不平衡问题更加突出。农村普遍存在农业发展基础单一，教育水平相对落后，公共服务体系欠缺等亟待解决的关乎民生建设的重大问题，这些问题造成的后果正是发展不平衡的根源，致使城乡差距越来越大。我国城乡发展不平衡，农村生产力发展水平长期低于城镇；受限于农业本身的特点，农产品附加值低于工业与服务业产品，农民增收相对缓慢；城乡的发展差距不仅是贫富差距的根源，同时也阻碍了我国整体经济的发展水平，二元经济结构问题依然严峻。2016 年，我国农村居民消费水平仅有城镇居民的 36.8%，农村地区不仅居民收入和消费水平低，基础设施和公共服务也十分薄弱，尤其在西部贫困地区，农民生产生活条件仍相当艰苦。

三、收入分配不均衡问题突出

改革开放 40 年，我国用 31 年的时间实现居民人均收入跨 1 万元，用 5 年时间实现居民人均收入跨 2 万元，目前正向居民人均收入 3 万元迈进。2017 年，我国居民人均可支配收入达到 25974 元，扣除价格因素，比 1978 年实际增长 22.8 倍，年均增长 8.5%。但是，城乡、地区、行业、社会不同阶层之间的收入差距不断扩大，这是引发各种社会矛盾问题的深层原因。基尼系数是反映社会收入分配差距的重要指标，1995~2017 年我国居民收入的基尼系数总体上呈现先攀升后稳定的发展态势（见图 4-1），2000 年基尼系数首次超过 0.4 "警戒线"，于 2008 年达到最高点 0.491 后回落，2015 年出现小幅回升态势，从 0.462 增至 2017 年的 0.467。当前，我国经济发展面临的下行压力不断增大，经济增长速度与结构调整处于关键时期，政策的改革运行需要时间；创新动力正在不断加强。利益分配不均衡问题是造成社会矛盾问题的关键因素，这是社会发展特定阶段的一个特定现象，需要依靠更加完善的体制保障机制缩小差距。近年来，我国采取了一系列措施调整收入分配，无论是改善民生、维护社会和谐稳定，还是转变经济发展方式、激发社会活力，收入分配机制这一短板问题都亟待解决。

四、发展速度与质量、效益的不平衡

2017 年我国人均 GDP 相当于全球平均水平的 70%，排在全球第 80 位。根据测算数据，2017 年我国居民人均可支配收入（2010 年不变价）为 21842 元，实现程度为全面建成小康社会评价指标目标的 87.37%；预计

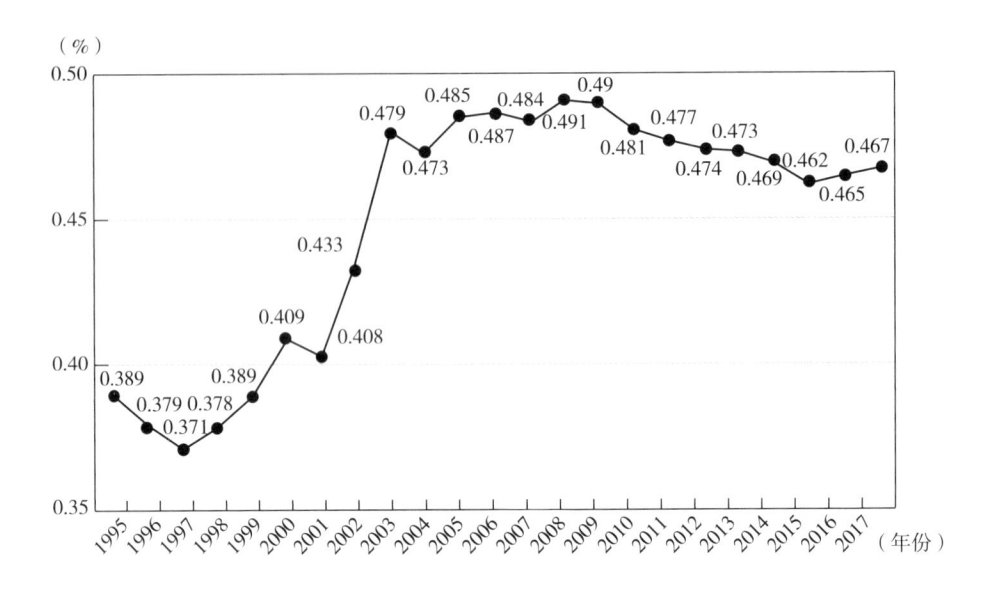

图 4-1 我国居民收入的基尼系数演变态势（1995~2017 年）

资料来源：Wind。

2020年实现全面建成小康社会目标时，我国人均 GDP 大概只相当于全球平均水平的 90%。从综合发展水平看，特别是在创新能力、劳动生产率、社会福利水平等方面，我国与发达国家之间仍有较大差距。我国的产业创新能力还不够强，新旧动能转换的难度仍然很大，实体经济水平有待提高。根据世界劳工组织的研究报告，美国的劳动增长率 2000 年为 81316 美元，2017 年达到 101101 美元，已突破 10 万美元大关；中国的劳动生产率从 2000 年的 2023 美元跃升至 2017 年的 8253 美元，虽然增长显著，但目前尚不足美国的 10%，生产力有待进一步解放。在劳动力供求关系发生深刻变化、人口结构快速老龄化的背景下，有效激励不足、分配不合理等现象凸显，中等收入群体在社会结构中的比重较低，2020 年实现橄榄形社会分配格局任务艰巨。

五、农业现代化与新型工业化、信息化、城镇化的不平衡

全面建成小康社会，要使农村、城市、沿海、边远等各地区全方位建

成小康社会。改革开放40年，我国经济社会持续快速发展，已经从根本上改变了社会生产落后的状况。2017年，全球人均GDP排名，中国排名71位，我国人均GDP已经达到8643美元，低于全球人均GDP的平均水平10728美元，处于世界银行划分的中上等收入经济体的中间水平。其中，北京、上海等省市已进入高收入经济区域行列。在当前决胜全面建成小康社会的关键时期，农村地区已成为我国全面建成小康社会的最大短板。实施乡村振兴战略是党的十九大提出的一个新战略，是从根本上解决"三农"问题的重大举措。实施乡村振兴战略，加快推进农业农村现代化，要深化农村改革；采取有效措施，将小农户与现代农业发展有机衔接，构建现代农业产业体系、生产体系、经营体系也是加快推进农业农村现代化的重要一环；加快推进农业农村现代化，要深化农业供给侧结构性改革，促进农村一二三产业融合发展，培养造就一支有力的"三农"工作队伍。在推进中国现代化建设的进程中，农业现代化始终是一条短腿，农村现代化是薄弱环节[①]。准确把握支持实施乡村振兴战略，围绕产业兴旺、生态宜居、乡风文明、治理有效、生活富裕的总要求，加快推进农业农村现代化，是加快破解发展不平衡不充分难题的重要举措和根本途径。

第二节 西部贫困人口脱贫攻坚任务艰巨

2018~2020年是全面建成小康社会的决胜阶段，完成贫困地区贫困人口的脱贫攻坚任务艰巨。改革开放40年，中国实现了迄今人类历史上最快速度的大规模减贫，全国农村减贫规模年均超过1300万人，全国农村贫困发生率由2012年的10.2%下降至2017年的3.1%。按照2010年价格农民年人均纯收入2300元的扶贫标准，农村贫困人口从1978年的7.7亿人减少到2017年的3046万人。但是，农村贫困人口的存量仍然很大，脱贫攻坚任务仍然繁重。习近平总书记多次强调，"全面建成小康社会，最艰巨

---

① 魏后凯. 实施乡村振兴战略的科学基础和重点任务[J]. 团结，2018（1）：27-31.

最繁重的任务在农村,特别是贫困地区"。消除贫困是全面建成小康社会的底线任务和标志性指标,这是全面建成小康社会面临的重点难点问题。

一、为数量巨大的农村贫困人口构建持续增收长效机制是脱贫难点

我国农民收入增长持续多年快于城镇居民,但农民增收越来越依靠工资性收入,尤其是外出打工的工资性收入,农业和财产性收入对农民增收的贡献较低。2014~2016年,全国农业净收入对农民增收的贡献率只有14.7%,财产净收入的贡献率只有2.6%,而工资性收入的贡献率高达46.7%。目前,建立在农业农村之外的城市导向型农民增收模式难以长久持续,容易导致农业农村的凋敝和衰败。随着发展阶段和国内环境的变化,支撑农民增收的务农、务工这两大传统动力逐渐减弱,未来农民增收的难度日益加大。习近平总书记多次强调,"小康不小康,关键看老乡";检验农村工作成效的一个重要尺度,就是看农民的钱袋子鼓起来了没有。要从根本上解决农民的增收问题,必须依靠新型城镇化大规模地减少农民,加快发展农业现代化,促进农村一二三产业融合,充分激活农村资源,建立农业农村导向型的农民持续增收长效机制,这是贫困地区农村脱贫攻坚的难点。全国农村贫困状况如表4-2所示。

表4-2 全国农村贫困状况(2010年标准)

年份	贫困人口(万人)	贫困发生率(%)
2010	16567	17.2
2011	12238	12.7
2012	9899	10.2
2013	8249	8.5
2014	7017	7.2
2015	5575	5.7
2016	4335	4.5
2017	3406	3.1

资料来源:根据《中国统计年鉴》(2017)和国家统计局相关数据整理。

二、西部贫困地区是脱贫攻坚最突出的短板

全面建成小康社会的重点和难点是广大农村特别是西部农村"短板"集中的地区。我国乡村地域辽阔，村庄数量众多，各地自然条件和社会经济特点千差万别。截至2016年，我国有55.91万个行政村、261.68万个自然村，村庄户籍人口7.63亿人。全国贫困人口一半以上和大部分的集中连片特困区在西部地区，这些地区或是自然资源贫乏，或是生态环境脆弱，或是生存条件恶劣，减贫难度比过去大幅度增加。[①] 2017年末，全国还有3046万农村贫困人口，其中相当一部分居住在艰苦边远地区，处于深度贫困状态。无论是从贫困程度，还是从脱贫难度来看，剩下的贫困人群比前面已经脱贫的人群的贫困程度更深，脱贫难度更大，特别是我国西部边疆地区、革命老区、民族地区等，生产生活落后，困难群众多，贫困程度深，扶贫需要花费的成本高，脱贫难度大。打好扶贫攻坚战，要创新思路和机制，把生态文明建设作为重要抓手，探索一条生态移民、退耕还林与发展特色优势产业相结合的新路子。党的十九大报告提出："确保到2020年我国现行标准下农村贫困人口实现脱贫，贫困县全部摘帽，解决区域性整体贫困，做到脱真贫、真脱贫。"目前，我国农村贫困人口尚未完全脱贫，时间紧迫，任务巨大，确保这些贫困人口如期顺利脱贫，让农村和贫困地区尽快赶上来，共同分享小康建设成果，让小康惠及全体人民，这是全面建成小康社会面临的最艰巨的任务和最突出的短板。

三、贫困地区的基础设施和生产服务严重滞后问题突出

中西部贫困地区的农村以及小城镇的医疗、教育等社会福利体系较为落后，公共服务设施的投资较少、规模较小、设施不完备。农村医疗卫生、文化教育、社会保障等公共服务建设滞后，2016年，我国仍有31.3%的行政村未实行集中供水，有80%的行政村未对生活污水进行处理，有

---

① 李培林. 着力解决全面建成小康社会的民生"短板"[J]. 求是，2015（7）：26-28.

35%的行政村未对生活垃圾进行处理。长期以来，贫困地区由于交通、饮水、电网等基础设施覆盖不足，边疆地区、革命老区、民族地区发展问题与区域贫困、深度贫困并存，生态环境脆弱与经济发展滞后并存，市场发育不足与产业基础薄弱并存，公共服务滞后与人口素质偏低并存，导致传统农业生产方式增收困难，发展动力不足，农村经济产业难以聚集，农民增收渠道有限，技能水平不高。[①] 农村对人才没有吸引力，农村基层单位，种植、养殖、病虫害防治等农业生产的各行业、各领域都缺少专业技术人才，农村基层干部后继乏人。农业生产的收入与其他产业相比仍在扩大，大量青壮年劳动力离开农村，很多耕地被闲置抛荒。

四、引导社会资本大规模进入中西部难度大

到2020年全面建成小康社会，实现中西部贫困地区的农村全面小康是重点和难点。党的十八届五中全会提出，农业现代化是全面建成小康社会、实现现代化的基础。习近平总书记多次强调，农业的根本出路在于现代化；没有农业现代化，国家现代化是不完整、不全面、不牢固的。预计2035年和2050年的中国城镇化率将分别达到71.1%和75.8%，届时乡村常住人口将分别达到4.19亿和3.35亿。实现农村小康，要依靠农业现代化、新农村建设和城镇化的协同推进，实现农业生产规模化、专业化、机械化，土地规模适度集中，把农民从土地上解放出来，需要创造新的就业岗位，推进教育、医疗、社会保障一体化。2016年我国有42.6%的人口常住在乡村，但农户和农林牧渔业投资仅占全社会固定资产投资的5.7%。农村贫困地区投融资渠道不畅，资金有效供给严重不足。当前，中央政府财政支出压力日益加大并呈刚性增长，发挥地方财政资金的引导作用，撬动社会资本尤其是城市资本大规模进入中西部，成为中西部贫困地区乡村振兴的难点所在。

---

① 冯志彪.全面建成小康社会决胜阶段的基本特征和重大难题的突破[D].重庆：西南大学，2017.

五、脱贫攻坚存在"精神短板"问题

中西部贫困地区基础差,有些贫困地方存在"干部干,群众看"的现象,部分贫困农民"等、靠、要"思想较为严重,出门嫌远、打工怕累、搬迁怕生、创业怕赔。习近平总书记多次强调,"人穷志不能短,扶贫必先扶志"。打赢脱贫攻坚战,必须注重扶贫与扶志、扶智相结合,补齐精神短板。要创新工作方式方法,多采用生产奖补、劳务补助、以工代赈、技能培训等机制,让贫困群众在参与中增强能力、树立信心;把"帮眼前"与"扶长远"结合起来,积极帮助群众谋思路、找门路、挖穷根,让贫困群众看到出路、看到希望;强化党员干部示范效应,发挥勤劳致富能手的榜样带动作用,让贫困群众迸发致富热情;加强价值观引导,移风易俗、成风化人,弘扬劳动光荣、奋斗光荣的新风尚。瞄准特定贫困群众精准帮扶,向深度贫困地区聚焦发力,激发贫困人口脱贫内生动力。党的十八大以来,精准扶贫、精准脱贫取得举世瞩目的成绩,为 2020 年全面建成小康社会奠定了坚实基础。2015 年 10 月,党的十八届五中全会提出了全面建成小康社会的目标要求:确保到 2020 年我国现行标准下农村贫困人口实现脱贫,贫困县全部摘帽,解决区域性整体贫困。截至 2017 年底,全国 832 个贫困县中已有 153 个县脱贫摘帽,完成率为 18.4%。脱贫攻坚将带来国民收入分配格局的重大调整,对于增强经济发展内生动力、提升劳动力素质、促进经济结构转型、实现平衡而充分的发展等具有深远意义。

第三节 金融领域处在风险易发高发期

改革开放 40 年,我国应对了多次重大危机和挑战,保持了经济、金融和社会的稳定与发展。在全面建成小康社会决胜时期,我国面临国际国内风险、经济社会领域的重大风险隐患较多,亟待加强风险防范意识和能力。从经济风险防控看,化解产能过剩、优化产业结构需要时间,经济下行压力增大,容易引发矛盾和问题。全球货币政策转向、全球贸易争端升级，这些外部因素通过贸易、全球价值链和金融渠道传导，对中国宏观经济和金融市场产生负面冲击，尤其是其可能导致的信心冲击，会加剧内外部金融风险的相互强化，对金融稳定构成重大挑战。如果发生重大系统性风险而无法控制局面，全面建成小康社会进程就可能被迫中断，必须有所预判并积极应对。

一、金融领域进入风险易发高发期

近年来，一些国际金融机构持续警告，中国的债务已经快达到发生债务危机的程度。国际清算银行应用"信贷与 GDP 差距"指标来衡量信贷增长如何偏离经济基本面（即 GDP），暗示的长期趋势是有效预警金融危机的指标，中国的信贷差距 2009 年以来超过了 10% 的警戒线，2016 年更是达到 28.8%（见图 4-2）。未来两年，中国必须高度关注面临的经济风险。如果供给侧结构性改革停滞，去杠杆过程中货币政策和监管政策定力不足，可能导致和加剧新一轮的资产价格泡沫和金融风险积累。去杠杆过程中打破刚兑的节奏和力度如果过于激进，可能带来信用过度紧缩、债务违约的传染和扩散，并触发更大范围内金融市场的风险暴露，导致过大的金融市场波动风险。要防范金融风险、维护金融安全，改进和提升服务实体经济的能力，为实体经济发展创造良好的金融环境。围绕供给侧结构性改革这条主线，形成金融和实体经济、金融和房地产、金融体系内部的良性循环，为经济高质量发展提供更强保障和支撑。2012~2016 年，我国宏观杠杆率上升较快，年均提高 13.5 个百分点。2017 年，我国宏观杠杆率为 250.3%，同比上升 2.7 个百分点；我国企业部门杠杆率为 159%，同比下降 0.7 个百分点，实现 2011 年以来的首次下降；政府部门杠杆率为 36.2%，同比下降 0.5 个百分点。2017 年以来，防范系统性金融风险、推进结构性改革和去杠杆取得初步成效，企业部门杠杆率稳中有降，宏观杠杆率大体稳定，新时期的宏观审慎政策框架和微观审慎监管体系正在成型，资本外流压力缓解，中国金融体系总体稳定。有效防范化解金融风险，让经济发展更稳健，是我国实现高质量发展必须跨越的重大关口。当前，在国内外多重因素压力下，金融风险仍在积累，非法集资等大案要案时有发生，信息安全风险和社会不稳定因素较多，影子银行、房地产泡沫、企业高杠杆、地方政府债务等金融风险直接威胁到经济持续健康发展，必须准备相应的防范和化解措施。

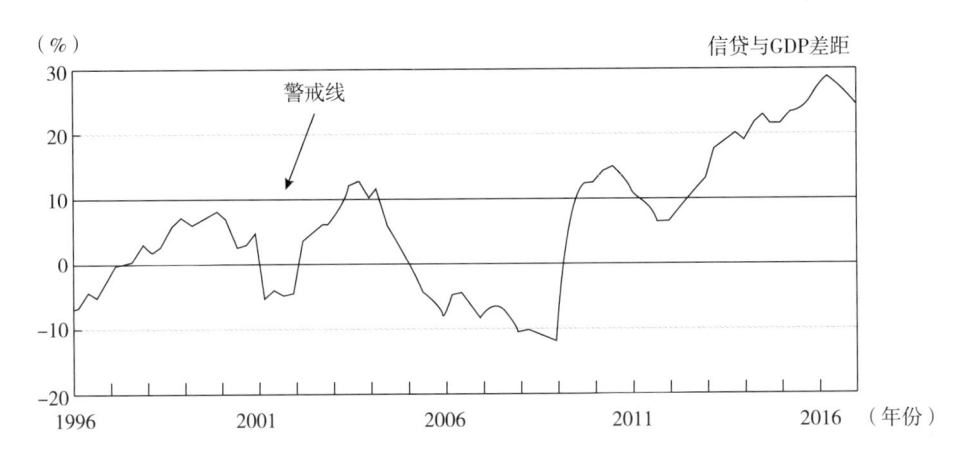

图 4-2　中国信贷占 GDP 比重的演变态势（1996~2017 年）

资料来源：国际清算银行。

二、高杠杆风险是当前最主要的金融风险

地方政府和国有企业杠杆率较高的结构性风险以及经济增速逐渐下行可能会引发债务偿还风险。2017 年，规模以上工业企业资产负债率为 55.5%，而国企资产负债率为 65.7%；地方政府显性杠杆率由 2016 年的 20.6%下降到 2017 年的 19.9%，但隐性债务风险值得高度关注，当前地方政府融资平台债务约占全国 GDP 的 40%。金融业跨行业、跨市场、跨区域的交叉传染风险。根据估算，2015 年中国非金融部门负债总计 175 万亿元，占 GDP 比重约 260%。交叉性金融产品涉及的金融机构和产品嵌套层次越来越复杂，各参与主体的权利义务关系不清晰，缺乏充足的风险补偿安排，存在资金最终投向与实际投资者的风险承受能力不匹配的问题（见图 4-3）。

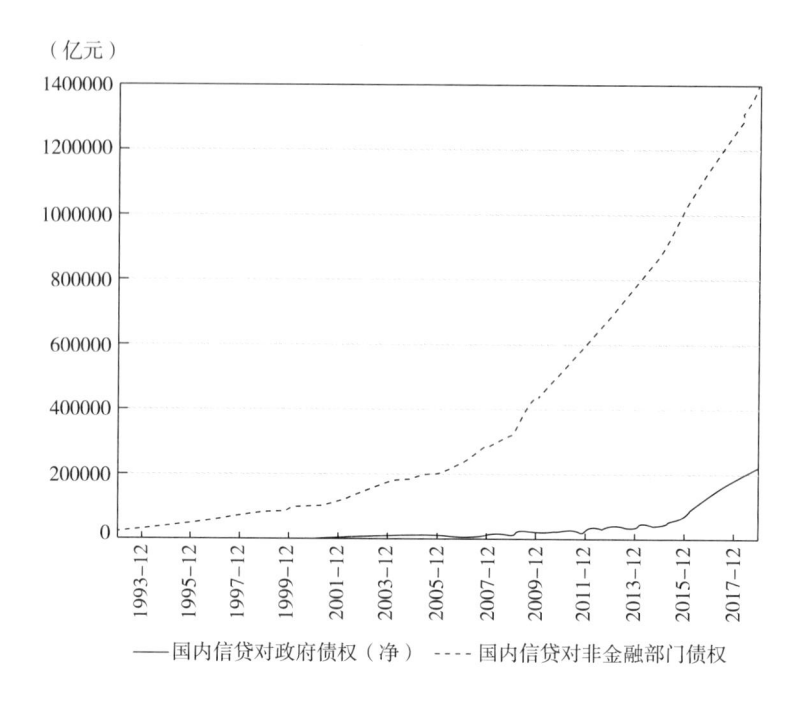

图 4-3　中国政府债权和非金融部门债权的发展态势

资料来源：Wind。

三、金融风险主要体现为金融机构的自身风险

近几年，线上线下非法集资、套路贷、证券诈骗等金融乱象严重危害广大群众利益，金融风险的防范控制关系着老百姓的"钱袋子"。2017年底我国银行理财产品总规模已近30万亿元，而各种理财产品背后关联着银行、证券、债券、信托等金融机构和金融业务。银行业存在银行不良贷款风险、影子银行风险；资产管理行业存在发展不规范、多层嵌套、刚性兑付、规避金融监管和宏观调控等问题；各类金融控股公司快速发展，部分企业热衷投资金融业；部分互联网企业以普惠金融为名，行庞氏骗局之实；在证券市场，股票质押规模和比例近几年不断攀升，给金融机构带来了潜在风险；等等。防范金融风险、维护金融安全，就是在守护老百姓的"钱袋子"。2017年末，我国个人贷款与存款之比为62.1%，居民存款可以覆盖居民债务。2017年末我国住房贷款余额占抵押物价值的58.3%，住房

贷款平均合同期限为 272 个月，流动性风险基本可控。金融业的发展必须以维护国家金融安全为前提，坚决维护广大普通群众的切身利益。如果重大风险隐患不能及时有效化解，甚至在特定环境下由隐性转为显性，就有可能影响全面建成小康社会的进程。

四、金融体系的风险防范要高度关注房地产市场

从全球经济发展历史看，房地产危机为金融危机之母，十次金融危机有八次到九次是由房地产泡沫破裂造成的，这个规律对中国当前也适用。目前金融风险的最大隐患是房价的非合意波动，确定"房住不炒"的原则并将其落到实处，是现阶段防控金融风险的关键。首先要管住货币供给总闸门，这是过去这些年来得到的最大教训和经验；其次要利用当前行政控制提供的有利时间窗口，完善促进房地产市场平稳健康发展的长效机制。只要房地产市场不出大问题，金融风险就基本可控。

五、应对金融风险的体制机制建设滞后

2018 年，随着美国顺周期经济政策导致的全球宏观金融风险加剧，全球贸易争端升温，中国面临的内外部金融压力正在加大。目前，我国对于金融机构遇到风险之后的应对机制和方案准备不足，尤其是在去杠杆、打破刚兑的过程中，金融市场缺乏成熟的资产处置办法和处置案例，缺乏盘活不良资产的渠道与方案，更缺乏广阔的、分散信用风险的衍生品市场。一旦遇到风险，缺乏退路的金融机构尤其是非银行金融机构，只能被动倾向于过度紧缩信用。党的十九大报告指出，加快完善社会主义市场经济体制，必须深化金融体制改革，增强金融服务实体经济能力，提高直接融资比重，促进多层次资本市场健康发展；健全货币政策和宏观审慎政策双支柱调控框架，深化利率和汇率市场化改革；健全金融监管体系，守住不发生系统性金融风险的底线。为实现党中央防范系统性金融风险的目标，要尽快构建分散市场风险、分担信用损失的体系，明确金融机构对于信用风险承担的过程和程度，鼓励培育不良债务的投资机构和投资群体，尽力扭

转"过度紧缩信用"的趋势并防范其可能造成的危害。金融危机的历史证明，货币超发加上银行的信贷扩张，成为系统性金融风险的重要根源。适当收紧货币政策、控制货币供应量增长、从严监管金融体系、清理银行委外资管业务、防止商业银行通过资管渠道助长"影子银行"业务间接增加信贷规模是银行信贷监管的重点。要加快建设信用风险处置的相关金融基础设施，完善信用风险的衡量、分散、转移和处置链条，深化金融领域的体制机制改革。

第四节　生态环境治理任务非常严峻

改革开放40年，我国经济快速发展的同时，单位GDP能耗整体呈现下降态势，2017年的单位GDP能耗比1978年的单位GDP能耗累计降低77.2%，年均下降3.7%，我国节能降耗取得了突出成效。但是，2017年我国单位GDP能耗为0.652吨标准煤/万元，实现程度为全面小康社会指标目标的92.81%；非化石能源占一次能源的比重为13.8%，实现程度为全面小康社会指标目标的92%；一般工业固体废物综合利用率为61.20%，实现程度为全面小康社会指标目标的83.84%。长期以来，牺牲资源环境为代价的粗放式发展给我国生态环境带来了巨大影响，污染物排放远远超过了环境容量，地下水污染严重，土壤污染积累的风险凸显，雾霾天气增多，生态环境质量下降，严重影响人民生活健康。大气、水、土壤等污染问题突出，人民日益增长的优美生态环境需要不能得到有效满足，生态文明建设任重道远，这是全面建成小康社会关键时期面临的严峻问题。

一、生态资源环境指标距全面建成小康社会目标要求还有较大差距

改革开放以来，我国经济取得了巨大发展，但代价是环境的严重退化和资源消耗的大幅增加。根据2017年《BP世界能源统计年鉴》，2016年中国能源消费3053百万吨油当量，超过美国780百万吨油当量，稳居全球

能源消费量第一；印度、俄罗斯、日本分别以723.9百万吨油当量、673.9百万吨油当量、445.3百万吨油当量居于第三、第四、第五名。我国生态系统退化和环境污染严重，与全面建成小康社会生态环境质量总体改善的新目标要求相比，生态方面的欠账较多，生态透支积重难返，环境污染问题突出。根据测算数据，我国单位GDP用水量为88.48立方米/万元，实现程度为全面小康社会指标目标的90.41%；森林覆盖率为21.63%，实现程度为全面小康社会指标目标的93.88%。我国城镇化仍在快速推进，城市建设不断扩张，钢铁、水泥等能源原材料工业所占比重仍然较大，2016年煤炭消费量占能源消费总量的比重仍达62%；六大高耗能行业能耗所占比重偏高，钢铁、水泥等落后产能仍然严重过剩。2017年，全国338个地级及以上城市中，有99个城市环境空气质量达标，占全部城市数的29.3%；239个城市环境空气质量超标，占70.7%；平均优良天数比例为78.0%，平均超标天数比例为22.0%（见图4-4）。生态破坏容易，修复周期长，短时间难见成效，英国伦敦治"雾"、美国洛杉矶治"光化烟雾"、欧洲莱茵河流域污染都经历了很长的治理周期。当前，提高生态环境质量、解决好人民群众关注的环境治理问题，已成为能否全面建成小康社会的重要评价标准。改善环境总体质量，完成全面建成小康社会环境指标的任务非常严峻。

二、生态环境问题解决不好将导致无法弥补的社会福利损失

环境污染重、生态受损大、治理成本高，已成为全面建成小康社会的突出问题。长期以来，由于我国的经济增长主要依靠高能耗工业的粗放型发展，企业片面追求高速增长、高强度投入、粗放式生产的经营模式，资源的利用效率与发达国家存在很大差距。随着工业化、城镇化的快速发展，高能耗与高排放相伴而生，部分地区的环境承载能力已接近临界状态[①]。2017年，全国338个地级及以上城市平均超标天数比例为22.0%；

---

① 吴福象.论供给侧结构性改革与中国经济转型——基于我国经济发展质量和效益现状与问题的思考[J].人民论坛·学术前沿，2017（1）：46-55.

全国338个地级及以上城市

239个城市环境空气质量超标 70.7%
99个城市环境空气质量达标 29.3%

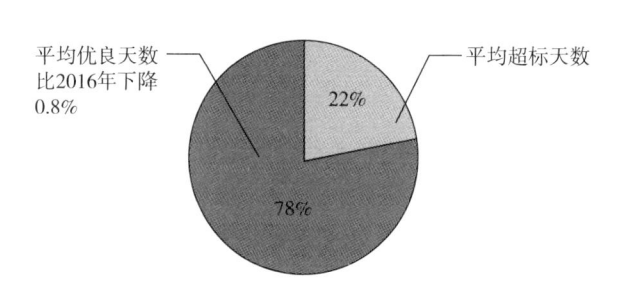

平均优良天数比2016年下降0.8% 78%
平均超标天数 22%

图 4-4　2017 年全国 338 个地级及以上城市空气质量状况

资料来源：国家统计局。

PM2.5 平均浓度为 43μg/m³，超标天数比例为 12.4%；在全国地下水 5100 个水质监测点位中，较差级、极差级点位分别占 51.8%、14.8%。环境问题不仅影响经济的可持续发展，还给人民群众的健康福祉带来很大的影响。2017 年元旦前后，北方地区的雾霾长达 10 天，影响范围达 17 个省区市，严重影响着人们的日常生活。从环境污染治理投资情况看，环境治理的成本增加，压力加大。经济社会发展中存在着各种压力，不仅有资源约束趋紧、土地紧张等问题，还有大城市病以及环境压力、空间压力、工作压力等问题。随着民众环保理念和维权意识逐渐加强，近年来因环境污染问题引发的群体性事件明显增多，环保投诉居高不下[①]。2017 年全国环保

---

① 辛向阳. 破解制约全面建成小康社会的发展短板和问题[J]. 中国特色社会主义研究，2017（1）：10-15.

举报管理平台共接到的环保举报约62万件。从发达国家环境污染治理成本的数据看，20世纪70年代，美国环境污染治理投资占GDP比重达2%、日本达2%~3%。近年来，我国用于环境污染治理的投资总额保持震荡上升的趋势，2006~2015年的年均复合增长率达到了14.68%，2012年我国环境污染治理的投资总额占GDP的比重已经高达1.53%。根据《中国统计年鉴》（2017）的数据，2016年我国环境污染治理投资总额达到了9219.8亿元，占GDP比重达1.24%（见表4-3）。我国对于环境污染治理的投入仍将耗费巨额资金，未来数年我国环境污染治理投资或许将高达GDP总量的2%以上，如果生态环境继续恶化，继续维持高能耗、高污染、高排放的粗放型发展方式，那么未来的经济增长收益将无法弥补社会福利损失。

表4-3 中国环境污染治理投资占GDP比重（2012~2016年）

指标	2012年	2013年	2014年	2015年	2016年
环境污染治理投资总额（亿元）	8253.5	9037.2	9575.5	8806.3	9219.8
城镇环境基础设施建设投资	5062.7	5223.0	5463.9	4946.8	5412.0
燃气	551.8	607.9	574.0	463.1	532.0
集中供热	798.1	819.5	763.0	687.8	662.5
排水	934.1	1055.0	1196.1	1248.5	1485.5
园林绿化	2380.0	2234.9	2338.5	2075.4	2170.9
市容环境卫生	398.6	505.7	592.2	472.0	561.1
工业污染源治理投资	500.5	849.7	997.7	773.7	819.0
当年完成环保验收项目环保投资	2690.4	2964.5	3113.9	3085.8	2988.8
环境污染治理投资总额占国内生产总值比重（%）	1.53	1.52	1.49	1.28	1.24

资料来源：《中国统计年鉴》（2017）。

三、亟待形成与全面小康社会相适应的绿色发展方式

绿色发展是可持续发展的内在要求，是高质量发展的重要标志，亟待

加快生态文明建设，牢固树立生态环境底线意识，牢牢守住发展和生态两条底线，把转变发展方式、调整经济结构、发展绿色经济、改善人民生活作为抢抓未来发展新机遇的重要手段。改革开放以来，我国经济高速增长伴随着严重的环境破坏，走入了西方国家工业化过程中"先污染、后治理"的发展道路，环境污染治理问题也越来越突出。以牺牲环境为代价、不考虑经济增长带来的环境成本，是不合理的发展方式，与全面建成小康社会的目标要求是相悖的，需要用新理念推动绿色发展，从源头上推动经济实现绿色转型，走出一条经济发展与生态文明建设相辅相成、相得益彰的新发展道路。打好污染防治攻坚战，对形成绿色发展方式和生活方式产生巨大推动力。2017年，全国生态环境质量"较差"和"差"的县域合计占33.5%，主要分布在内蒙古西部、甘肃中西部、西藏西部和新疆大部分地区。根据国家统计局数据，2017年，我国能源消费总量44.9亿吨标准煤，煤炭消费量占能源消费总量的60.4%，石油消费占比为18.8%，天然气、水电、核电、风电等清洁能源消费量占能源消费总量的20.8%。2008~2017年我国煤炭消费占比呈下降趋势，但短期内仍是主要能源来源；清洁能源消费占我国能源消费总量的比重从2008年的11.8%上升到2017年的20.8%。加快建设资源节约型、环境友好型社会，正确处理好经济发展同生态环境保护的关系，切实把绿色发展理念融入经济社会各个方面，推进形成绿色发展方式和生活方式。绿水青山就是金山银山，保护生态环境就是保护生产力。我国传统能源产能结构性过剩问题仍然突出，能源清洁替代任务艰巨，节能降耗面临较大压力，仍需要付出巨大努力，要发挥政策与法律对绿色发展的双重引导作用。

第五节　企业技术创新能力不足已成为亟待解决的重大短板

加快建设创新型国家，是全面建成小康社会的客观要求。经过多年持续不懈的努力，我国经济实力、科技投入、人才力量、设备水平、研发水平等逐步接近世界先进水平，依靠引进越来越难以满足经济社会发展需求。2015年10月，习近平总书记在党的十八届五中全会上指出："我国创新能力不强，科技发展水平总体不高，科技对经济社会发展的支撑能力不足，科技对经济增长的贡献率远低于发达国家水平，这是我国这个经济大个头的'阿喀琉斯之踵'。"2017年，我国研发经费支出占GDP比重已经达到2.12%，实现程度为全面建成小康社会指标目标的84.8%；科技进步贡献率为57.5%，实现程度为全面小康社会指标目标的95.83%。但是，距离实现全面小康社会"自主创新能力显著提高，科技进步对经济增长的贡献率大幅上升，进入创新型国家行列"的目标仍有较大差距。关键核心技术创新和系统集成能力较弱，尤其是企业技术创新能力不足已成为迫切需要解决的重大短板问题。

一、企业创新成果的总体质量较差

我国企业与美国、日本等发达国家的企业相比，原创创新少，企业技术创新的总体水平和质量存在明显差距。2018年中兴通讯由于美国商务部限制芯片出口而导致的"休克"事件，让中国企业界有了切肤之痛。长期以来，我国企业侧重于扩张产业规模，重产值、轻研发，大多数企业忽略核心技术研发的长期持续投入，导致企业技术创新能力不强，我国企业在关键领域核心技术长期受制于美国等发达国家的局面短期内无法改变。中国的发明专利申请量2011年已居世界首位，2017年达138.2万件。但是，2001年中国对外支付知识产权使用费为19亿美元；2017年对外支付知识产权使用费已达286亿美元，中国的知识产权跨境交易逆差超过200亿美元。相比之下，美国对外许可知识产权每年净收入已接近或超过800亿美元。国务院2006年发布的《国家中长期科学和技术发展规划纲要（2006-2020年）》提出，到2020年要将中国的对外技术依存度降低到30%以下。但是，当前中国在关键技术上的对外依存度依然高达50%以上，一些重要的零部件甚至高达80%以上需要进口，比如，中国汽车行业尽管产销量已经居于全球首位，但是发动机动力组成、自动变速箱以及点火系统等零部件却高度依赖于进口。① 近年来，中国涌现了一批优秀的创新企业，但是绝大多数企业的研发创新能力仍然较弱，全国8万多家高新技术企业中，高达97.3%的企业的有效专利数不足100件，有效专利数超过1000件的企业占比仅为0.1%，而这0.1%的企业拥有的有效专利数量占到所有8万多家企业全部有效专利总数的23.8%（见表4-4）。我国知识产权的政策引导方向只重视专利的数量，对发明专利授权率、专利实施、专利引用、专利维持率等质量指标没有明确要求，很多企业、研发人员为了专利而专利，大量的"问题专利"和"垃圾专利"降低了我国技术创新的整体质量水平，导致所谓的"科研只开花、不结果"现象。习近平总书记2016年4月在全国网络安全和信息化工作座谈会上指出："同世界先进水平相比，同建设网络强国战略目标相比，我们在很多方面还有不小差距，特别是在互联网创新能力、基础设施建设、信息资源共享、产业实力等方面还存在不小差距，其中最大的差距在核心技术上。互联网核心技术是我们最大的'命门'，核心技术受制于人是我们最大的隐患。"

表4-4　全国8万多家高新技术企业专利数量分布　　　单位：%

专利件数	专利申请数		有效专利数	
	企业数量占比	专利数量占比	企业数量占比	专利数量占比
100件以下	94.1	46.3	97.3	50.0
500件以上	0.64	26.8	0.27	30.6
1000件以上	0.24	15.1	0.10	23.8

资料来源：《中国企业创新能力百千万排行榜（2017）》。

二、企业的创新主体地位没有形成

我国规模以上工业企业有研发机构的只有23%，拥有自主知识产权核

---

① 陈彦斌，刘哲希. 中国企业创新能力不足的核心原因与解决思路[J]. 学习与探索，2017（10）：115-124.

心技术的企业占比仅有万分之三。另外,我国科技研发成果转化不足,很多科技成果缺少实际应用价值;虽然中国国际科技论文总量连续9年世界第二,2013年我国SCI(科学引文索引)和EI(工程索引)数据库收录的中国科技论文数量就分别达到23.14万篇和16.35万篇,位列世界第二和第一,但是科技成果转化率仅为10%左右,远低于发达国家40%的水平;专利技术交易率只有5%,真正实现产业化则不足5%。技术创新活动本质上是一个经济过程,社会财富、技术进步和产业升级的主体是企业,要加快形成以企业为中心的技术创新体系,让企业成为技术创新投资的主体、研究开发的主体、创新利益分配的主体。我国企业创新投资总体水平偏低,企业研发投资占全球总量的7.2%,远远低于美国的38.6%、欧洲的27%、日本的14.4%;在2015年《全球创新企业100强》榜单中,日本企业有40家,其次是美国企业占35家,而中国内地无一家企业入选,差距十分明显[①]。2015年世界500强中的94家中国企业有74家申报了研发投入,研发强度为1.24%,与世界500强企业的平均研发强度3%~5%相比有很大差距。制约企业技术创新发展的思想观念和深层次体制机制障碍依然存在,技术创新体系整体效能不高,企业技术创新能力不足,这已成为制约我国建成创新型国家的一个主要短板。

三、创新型企业家群体亟须发展壮大

长期以来,我国企业技术创新的主要方式是学习和模仿。目前,我国有近3/4的大中型工业企业没有技术研发机构,大量关键核心技术与装备依赖国外,"缺芯少核"问题越发凸显。2016年我国进口集成电路3425.5亿块,支付金额达2270.7亿美元,相当于2016年我国进口原油总额的两倍。2017年,我国集成电路进口金额同比增长了15.6%,达到2601亿美元,而出口仅为668.8亿美元,贸易逆差从2016年的1656.2亿美元扩大到2017年的1932.2亿美元。随着我国科技创新水平与美国等先进国家的

---

① 吴福象. 论供给侧结构性改革与中国经济转型——基于我国经济发展质量和效益现状与问题的思考[J]. 人民论坛·学术前沿, 2017 (1): 46-55.

距离越来越小，通过引进消化吸收再创新方式获得新技术来源的难度也越来越大。在"2015年全球最具价值品牌100强排行榜"上，国内品牌仅有华为和联想上榜，分别位于第88位和第100位。在面对技术创新的不确定性时，大量企业热衷于"短、平、快"的高收益项目，民营企业平均存活周期只有3.9年，缺乏真正意义上的企业家精神，这是我国企业创新能力不足的一个重要原因。

四、企业的研发投入强度不足

根据测算数据，2017年我国制造业产品质量合格率为93.71%，实现程度为全面建成小康社会指标目标的98.85%。根据国家统计局数据，2006~2016年中国R&D支出占GDP比重上升较快，由1.37%提高到2.1%；企业R&D支出占GDP比重由0.95%提高至1.59%（见图4-5）。《2015年全国科技经费投入统计公报》的数据显示，中国规模以上工业企业的平均研发投入强度为0.9%，制造业企业的平均研发投入强度为0.97%，中国500强企业的研发投入强度为1.28%。国际上通行的评价标准是：如果企业的研发投入强度低于1%，将难以生存；当企业的研发投入强度达到2%以上，才会具有一定的竞争力。[①] 美国制造业的研发投入强度为4.0%，日本为3.4%，英国为2.6%，德国为2.3%。虽然我国企业在科技创新活动投入总量和力度逐年提高，但企业缺乏战略性和核心技术的开发和管理，对基础研究和基础应用领域的研发投入少，企业在自主创新上缺乏高质量的原创技术来源，导致技术空心化和自主创新能力不足，关键技术自给率低。

[①] 陈彦斌，刘哲希. 中国企业创新能力不足的核心原因与解决思路[J]. 学习与探索，2017（10）：115-124.

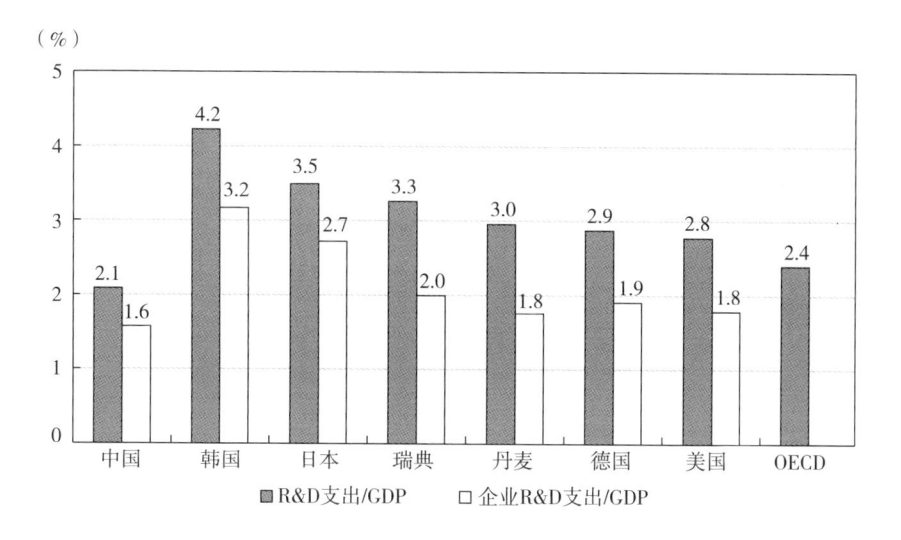

```
(%)
5
4    4.2
        3.5
  3.2       3.3
     2.7       3.0  2.9  2.8
3 2.1     2.0           2.4
           1.8  1.9  1.8
2    1.6
1
0
  中国  韩国  日本  瑞典  丹麦  德国  美国  OECD
     ■ R&D支出/GDP    □ 企业R&D支出/GDP
```

图 4-5　主要经济体的企业研发支出占 GDP 比重（2015~2016 年）

注：中国为 2016 年数据，其他为 2015 年数据。

资料来源：中国科技部、OECD 数据库。

第六节　公共服务供给与需求结构矛盾是全面建成小康社会的重大短板

改革开放 40 年，我国公共服务体系建设取得了重大进展。但是，由于城乡二元结构、发展理念和体制机制等因素的长期影响，我国社会事业发展的总体水平较低，与全面建成小康社会所要求的基本公共服务均等化目标还有较大差距。根据测算数据，2016 年我国每千老年人口养老床位数为 31.62 张，实现程度为全面小康社会指标目标的 90.35%；每千人口执业（助理）医师数为 2.31 人，实现程度为全面小康社会指标目标的 92.40%。党的十九大报告提出，"完善公共服务体系，保障群众基本生活，不断满足人民日益增长的美好生活需要"。随着人民群众对教育、医疗、养老、就业等公共服务领域越来越关心，民生保障问题成为群众最关心最直接最现实的利益问题，能否得到有效解决，将影响人民群众对全面建成小康社会的满意度。目前，亟待解决我国公共产品短缺、公共服务薄弱的重大短板问题。

一、公共服务供给滞后于需求变化的结构性矛盾突出

我国公共服务供给不足、质量不高，公共服务需求结构升级不断加快，需求侧不断释放出新活力、新空间，供给结构明显滞后于需求变化。基本公共服务供给领域面临有效供给不足、供需结构缺乏灵活性和适应性等诸多问题，公共服务供给规模和质量难以满足人民群众日益增长的消费需求。党的十八届五中全会指出，坚持共享发展，增加公共服务供给，从解决人民最关心、最直接、最现实的利益问题入手，提高公共服务共建能力和共享水平，加大对革命老区、民族地区、边疆地区和贫困地区转移支付。公共服务供给主要取决于经济发展水平和制度安排两个要素，当前我国公共服务供需的主要问题在制度安排、在社会事业和民生保障方面的制度安排有待加强。大力增加公共产品和公共服务的供给，将成为我国经济持续发展的新动能，并将显著提高广大人民群众的生活水平和质量。全面建成小康社会决胜阶段，一个重要的检验标准就是基本公共服务均等化的实现程度。公共服务供给发展不全面的问题主要体现在民生保障方面。

二、公共服务体系的体制机制改革相对滞后

改革开放40年，我国经济发展取得重大成就，但公共服务体系的体制机制改革相对滞后，行政管理体制、城乡二元经济体制、财政体制、税收体制、社会事业体制改革配套不足，公共服务供给领域的法律法规体系还不够完善，公共服务领域事业单位的制度性改革滞后。公共服务领域过度引入市场机制，看不起病、买不起房、养老服务短缺、医药食品安全隐患等社会不稳定因素增多。现阶段，我国公共服务领域的短板主要集中在重大民生工程和基础设施建设、教育资源、医疗卫生、养老服务供给不足等方面；公共服务供给的方式创新不够，供给结构单一，社会资本参与公共服务供给层面存在体制机制障碍，没有形成布局均衡、精准发力的公共服

务供应保障体系①。亟待加强供给制度创新、加大公共财政投入来弥补公共服务领域的短板，完善与公共服务供给配套的法律制度建设，深化公共服务体系体制机制改革。

三、公共服务投入的力度不够

我国政府层级间公共服务供给面临的深层次问题是"职责同构"，公共服务供给在政府层级间缺乏有效和可行的分工机制，对于地方政府的激励机制偏重于经济发展，公共服务供给呈现出各级政府"都管"但都"管不了"的尴尬局面。我国的公共财政支出与公共利益目标错位，中央政府在这些领域的财政支出相对偏少，影响全国性基本公共服务的供给水平。2016年我国财政医疗卫生支出14044亿元，是2008年的4.4倍，医疗卫生支出占全国财政支出的比重增至7.2%，但仍然远低于发达国家的水平。亟待深化公共服务供给机制改革，加快提升社会福利和公共服务供给水平，完善中央政府对地方政府的考核、激励机制和相应的指标体系，增加公共服务投入和产出指标的比重，尤其是医疗、卫生、社会保障、教育等民生指标的权重，健全公共服务供给体系，缓解公共服务短缺的矛盾，实现公共服务共建共享。亟待增强政府公共服务职责，尽可能利用社会力量，更好地发挥市场机制作用，增加公共服务供给。创新公共服务提供方式，加快社会事业改革。

四、我国养老保障体制面临人口老龄化的严峻挑战

我国人口结构正在发生巨大变化，人口老龄化速度比原来预测的快许多，并从原先的中长期问题演变成为现在需要立即着手解决的新问题。党的十九大报告提出，"积极应对人口老龄化，构建养老、孝老、敬老政策体系和社会环境，推进医养结合，加快老龄事业和产业发展"。国家统计局数据显示，2017年我国60周岁及以上人口24090万，占总人口的17.3%。其中

---

① 孙飞，付东普．供给侧结构性改革下公共服务供给方式创新[J]．甘肃社会科学，2017(4)：244-248．

65周岁及以上人口15831万，占总人口的11.4%。2015~2016年，60岁以上人口增加886万，65岁以上人口增加617万；2016~2017年，60岁以上人口增加1004万，65岁以上人口增加828万，呈现加速态势；每天有2.5万人迈入老年，改革开放以来社会负担系数（老人和儿童占总人口的比例）持续下降的趋势出现逆转。面对家庭的小型化趋势和独生子女的新一代，传统的家庭养老模式和社会伦理规范发生变化，必须迅速建设广泛覆盖的社会养老安全网。庞大的养老规模需要巨额资金，同时要防止福利的快速增长成为经济增长的沉重负担。① 养老保障仍主要依靠家庭，存在社会化服务供给不足、农村养老难、医养结合落地难、资金筹措难、人才供给不足等很多问题，处理好养老保障水平刚性增长与经济发展周期波动的矛盾，成为全面建成小康社会面临的重大挑战。

五、就业、教育、医疗、居住等民生保障问题凸显

保障和改善民生是全面建成小康社会的头等大事，如果基本社会福利得不到有效保障、人民生活水平得不到明显提高，全面建成小康社会就没有完全实现。从目前的实际发展进程来看，在看病、上学、就业、住房、养老等社会建设和民生方面，离实现全面建成小康社会的目标有很大差距，还有1.3亿多65岁以上的老人要增加养老服务供给、增强医疗服务的便利性，有2亿多进城务工的农民工要逐步公平享受当地基本公共服务。影响实现全面建成小康社会目标的突出短板主要集中在民生领域，公共服务供给发展不全面的问题很大程度上也表现在不同社会群体的民生保障方面。必须加大保障民生的力度，着力提高基本公共服务水平，加强对特定人群特殊困难的帮扶，做好教育、就业、养老、医药卫生等领域的民生工作，让人民群众有更多获得感，这是实现全面建成小康社会目标的突出短板。

---

① 李培林. 着力解决全面建成小康社会的民生"短板"[J]. 求是，2015（7）：26-28.

第七节 文化小康面临强基础、扩总量、促均衡的结构性短板问题

全面小康是"五位一体"全面进步的小康,2016年我国文化产业增加值达3.08万亿元,占GDP比重提升到4.14%,实现程度为全面小康社会指标目标的82.80%,文化产业已接近国民经济支柱性产业。行政村(社区)综合性文化服务中心覆盖率达80%,实现程度为全面小康社会指标目标的84.21%,覆盖城乡的国家、省、市、县、乡、村(社区)六级公共文化服务网络已经基本建成。党的十八大以来,文化与互联网、高科技融合发展,传统文化企业转型升级,质量和效益稳步提升。2017年,全国共有文化骨干企业5.5万家,从业人员854万人,实现营业收入91950亿元,文化产业发展活力凸显,在推动经济发展、优化产业结构中发挥了重要作用。但是,当前我国文化发展水平与全面建成小康社会"国民素质和社会文明程度显著提高"的目标要求还有较大差距,文化地位和经济地位极不平衡,文化国际影响力明显不足,文化小康面临扩大总量、丰富品种、加强供给侧结构性改革的短板问题。

一、我国文化软实力与经济硬实力的结构关系失衡

改革开放以来,我国经济发展取得巨大成就,2011年我国货物出口总值跃居世界第一,但是,我国文化的国际影响力很薄弱。根据相关数据,美国文化在全球文化市场的占有率高达43%,欧盟文化的全球市场占有率达34%,日本占10%,澳大利亚占5%,中国仅占4%。目前,中国的传播实力相当于美国的47%,国际传播能力相当于美国的14%。从全球电视传播市场格局看,美国占有全球75%的电视节目生产,每年向国外发行电视节目总量30万时,在全球100多个国家播放。根据《中国统计年鉴》(2017),2016年我国电视节目进口总额为20.9872亿元,出口总额为3.6909亿元,进口总额是出口总额的5.7倍。我国电视节目海外传播的受

众主要分布在亚洲区域，2016年我国出口至亚洲的电视节目占全年总出口额的87.9%，占总出口时长的72.9%。尽管我国国际传播已具备一定规模，通过国际传播有力提升了国家形象，但我国在国际舆论格局中面临的形势依然不容乐观，国际社会仍然存在不少对中国的片面认知和误解，尤其是一些西方国家对中国仍然存在偏见。造成这种状况的原因比较复杂，从我们自身国际传播角度审视，一个重要原因就是媒体在国际传播中的精准性不强。我国媒体企业具有巨大的海外成长空间，亟待建立技术先进、制度完善的现代文化传播体系，要加快数字网络文化传播体系的基础建设和技术创新，保持我国文化传播内容、渠道、平台、运营、管理等能力和技术的先进性；针对不同国家的不同受众采取不同的传播方法，实施精准传播，不断提升国际传播效果；加快文化传播体系公信力、引导力和社会责任感建设，为全面建成小康社会营造良好的氛围。

二、补齐东北和西部地区文化软实力短板任务艰巨

全面建成小康社会实现程度指标中，"科技教育文化指标"与全面小康目标要求差距大。西部文化软实力短板非常严重，与东部发达地区差距大，东北和西部的人均教育经费、人均文化产业收入严重不足。要抓紧补好公共文化服务的"短板"，重点以《中华人民共和国公共文化服务保障法》为依据，扩大转移支付，加快提升革命老区、民族地区、边疆地区、贫困地区的公共文化服务能力和水平，促进全国公共文化服务均衡协调发展。要持续深化文化领域供给侧结构性改革，健全文化需求传导机制，鼓励和吸引全社会参与文化创造和文化供给。改变各自为政、孤岛、零散格局，形成设施互联、资源共享、服务联动、城乡一体文化网络体系。积极运用现代先进科技，改变小众化、近距离服务方式，最大限度地释放文化发展潜力和服务效能，全国文化事业经费按城乡和区域分布情况如表4-5所示。

表 4-5　全国文化事业经费按城乡和区域分布情况

项目		1995 年	2000 年	2005 年	2010 年	2015 年	2016 年	2017 年
总量 （亿元）	全国	33.39	63.16	133.82	323.06	682.97	770.69	855.80
	县以上	24.44	46.33	98.12	206.65	352.84	371.00	398.35
	县及县以下	8.95	16.87	35.70	116.41	330.13	399.68	457.45
	东部地区	13.43	28.85	64.37	148.35	287.87	333.62	381.71
	中部地区	9.54	15.05	30.58	78.65	164.27	184.80	213.30
	西部地区	8.30	13.70	27.56	85.78	193.87	218.17	230.70
所占 比重 （%）	全国	100.0	100.0	100.0	100.0	100.0	100.0	100.0
	县以上	73.2	73.4	73.3	64.0	51.7	48.1	46.5
	县及县以下	26.8	26.7	26.7	36.0	48.3	51.9	53.5
	东部地区	40.2	45.7	48.1	44.4	42.1	43.3	44.6
	中部地区	28.6	23.8	22.9	24.3	24.1	24.0	24.9
	西部地区	24.9	21.7	20.6	26.6	28.4	28.3	27.0

资料来源：《中华人民共和国文化和旅游部 2017 年文化发展统计公报》。

三、公共文化服务体系不完善

我国正处于社会发展的转型阶段，公共文化服务体系有待大力完善，社会主义先进文化的创造力需要增强。公共文化服务在区域与城乡间发展不均衡的现象突出，是公共文化服务体系建设亟须解决的问题。部分经济社会发展相对落后的地区，政府需要投入更多的资金与精力发展经济及社会基础建设，如果忽略对公共文化服务能力的提升，就会导致这些地区出现公共文化服务落后的现象。在公共文化服务内容方面，文化事业与文化产业发展不协调的问题突出，缺乏对传统文化的创新发展能力，我国文化建设发展易受外部冲击。文化产业发展中注重经济效益而忽略社会效益的问题突出，亟待加以解决。

第八节　全面依法治国任务繁重艰巨

中国特色社会主义政治发展道路，是近代以来中国人民长期奋斗历史逻辑、理论逻辑、实践逻辑的必然结果，是坚持党的本质属性、践行党的根本宗旨的必然要求。党的十九大提出，推进社会主义民主政治制度化、规范化、程序化，保证人民依法通过各种途径和形式管理国家事务，管理经济文化事业，管理社会事务，巩固和发展生动活泼、安定团结的政治局面。按照全面建成小康社会目标中对于政治建设方面的要求，到2020年，人民民主不断扩大，民主制度更加完善，民主形式更加丰富，使人民积极性、主动性、创造性进一步发挥。全面建成小康社会进入决胜阶段，比以往任何时候都更加需要用法治为党和国家的事业发展提供根本性、全局性、长期性的制度保障。

一、法律的有效实施是全面依法治国的重点

在推进全面建成小康社会的进程中，全面深化改革与全面依法治国被视为"鸟之两翼""车之双轮"。当前我国依法治国基本方略全面落实，法治政府基本建成，司法公信力不断提高，但在具体落实和建设过程中还存在不少难点，必须把依法治国摆在更加突出的位置，把党和国家工作纳入法治化轨道，从法治上为解决面临的突出矛盾和问题提供制度化方案。目前，我国共制定法律250多部、行政法规700多部、地方性法规9000多部、行政规章11000多部，以宪法为核心的中国特色社会主义法律体系已经形成，但还需要适应全面深化改革和全面依法治国的要求进一步完善。要紧紧抓住提高立法质量这个关键和提高立法效率这个短板，坚持立、改、废、释并举，增强法律法规的及时性、系统性、针对性、有效性，提高法律法规的可执行性、可操作性。法律的生命力在于实施，法律的权威也在于实施。建立高效的法治实施体系，首先要坚持依宪治国、依宪执政，加强宪法实施，坚决纠正一切违反宪法的行为。要加快完善执法、司法、守法等方面的体制机制，坚持严格执法、公正司法、全民守法，确保法律尊严、权威和全面有效实施。要以规范和约束公权力为重点，建立严密的法治监督体系，增强监督合力，强化监督责任，提高监督实效，真正把权力关进制度的笼子。要通过加强党对全面依法治国的领导、强化法治

机构和法治队伍建设等建立有力的法治保障体系。坚持依法治国与依规治党统筹推进，完善党内法规制定体制机制，注重党内法规同国家法律的衔接和协调。

二、遏制公共权力滥用和公权腐败仍是难点

依法治国重在治理公权力，就是要把权力放进制度的笼子里，让权力受约束，让权力规范行使，让权力受到监督。推进依法治国重点要解决好损害群众权益的突出问题，公共权力必须受到控制和约束，这是现代法治国家中权力配置和权力运作的重要特征。目前，与权力的公共性相一致的观念尚未建立，大多数民众仍然习惯于用传统集权社会中的思维方式来认识权力，按照传统社会中权力运行的方式来运用权力，用权力所代表的公共力量来增强或炫耀掌握权力的行政人员的力量；少数领导干部不尊崇宪法、不敬畏法律、不信仰法治，崇拜权力、崇拜金钱、崇拜关系。权力受到法律的约束和限制，对中国依法治国基本方略的全面落实和法治政府的基本建成具有特别意义。党中央重拳反腐在很大程度上遏制了公共权力的腐败，但是，当代中国法治进步的标志，特别是依法治国的确立，在相当大程度上要看公共权力是否受到法律和制度的有效约束，控制和约束公共权力是全面建成小康社会中政治建设的关键点。

三、推进基层民主政治建设面临诸多难题

我国处于社会发展转型、矛盾凸显的时期，基层民众参与度不高，社会转型期面临的贫富差距、城乡差距、民生保障不足等问题凸显，受基层民众自身法治观念不强及基层民主制度不够完善的制约，致使社会主义民主政治建设面临挑战。根据测算数据，2016年我国每万人拥有社会组织数为5.08，实现程度为全面小康社会指标目标的78.15%。基层民主建设中少数党员干部存在专业能力不足、作风不良等问题，基层民主选举、民主管理也出现诸多问题；基层部分民众参与民主政治的积极性不高。我国经济社会快速发展，经济体制深刻变革、社会结构深刻变动、利益格局深刻

调整、思想观念深刻变化，各种发展中的新问题相互缠绕，历史遗留的和实践增生的系列问题一并挤压到当代中国发展的日程上，当代中国的现实国情，使我国民主政治建设面临诸多难题。解决这些难题，需要党和人民的智慧，要充分认识我国社会主义民主政治建设的艰巨性，积极稳妥推进基层民主政治建设。

四、消除基层执法乱象仍然是全面推进依法治国的短板

全面推进依法治国，重点就在于保证法律严格实施，做到规范执法、严格执法。依法行政、建设法治政府，既包含行政立法、制度建设、程序规范，还包含着严格执法。社会治理呈现出多样性和复杂性的趋势，要不断提高治理能力。推进基层严格执法，提升执法的有效性，重点是解决执法不规范、不严格、不透明、不文明以及不作为、乱作为等短板问题。

第九节 国家治理体系和治理能力现代化面临"制度机制"短板

改革进入攻坚期和深水区，社会深层次矛盾和问题凸显，亟待补齐制度短板、破障闯关，把各方面制度优势转化为国家治理的总体效能。党的十九大报告明确提出，全面深化改革总目标是完善和发展中国特色社会主义制度、推进国家治理体系和治理能力现代化。"各方面制度更加成熟定型"是全面建成小康社会的新目标，也是决胜阶段面临的"制度机制"短板。

一、国家治理体系和治理能力现代化水平有待进一步提高

国家治理体系和治理能力是一个紧密联系、相辅相成的有机整体，是一个国家的治理水平和综合实力的重要标志。党的十八届三中全会提出"完善和发展中国特色社会主义制度，推进国家治理体系和治理能力现代化"的全面深化改革总目标以来，取得了一些成就。但是，国家治理体系

和治理能力现代化推进缓慢，没有取得重大实质性突破①。国家治理体系和治理能力现代化仍然主要停留在学术研究层面，国家法治建设层面的制度机制仍未成熟，处在探索建立阶段，具体可操作的配套措施还不完善。传统思维定式影响仍然比较深，基层公务人员的主体思维、方式方法仍以传统的管理思维定式为主，处在从管理的理念、思维、方式向治理的理念、思维、方式转换过渡阶段，治理的文化生态还没有形成。推进国家治理体系和治理能力现代化，是一项复杂的系统工程，必须着眼新时代，有效治理国家和社会，完善社会主义市场经济体制，落实以人民为中心的发展思想，坚持和加强党的全面领导②。推进国家治理现代化，必须适应时代进步潮流和国家现代化总进程，既改革不适应实践发展要求的体制机制、法律法规，又构建新的体制机制、法律法规，使各方面制度更加科学、更加完善，实现党、国家、社会各项事务治理制度化、规范化、程序化。要更加注重治理能力建设，提高党科学执政、民主执政、依法执政的水平，提高国家机构履职能力，提高人民群众依法管理国家事务、经济社会文化事务、自身事务的能力。

二、我国市场经济体制机制改革力度有待加大

加快完善社会主义市场经济体制，是我国转变经济发展方式的必由之路，是我国建设现代化经济体系的根本性制度保障。改革开放40年，我国市场主体从不足50万户增加到目前的1亿户以上，增长了200多倍；竞争性领域和环节价格基本放开，市场调节价的比重从1978年的3%上升到2017年的97%，市场供求格局发生根本性改变。伴随着市场化改革的不断推进，多种经济成分共同发展，市场在资源配置中的决定性作用初步显现。尤其是党的十八大以来，我国各类市场主体数量增长近80%，城镇新增就业6600万人以上，市场主体增多且日益活跃，有力支撑了经济运行保

---

① 冯志彪.全面建成小康社会决胜阶段的基本特征和重大难题的突破[D].重庆：西南大学，2017.
② 程姝，陈燕，张唐喆，张程程.深化党和国家机构改革助推国家治理现代化[J].瞭望，2018（12）：34-37.

持在合理区间，创造了大量就业岗位，每年新增就业人数超过 1300 万人。但是，市场在资源配置中的决定性作用还没有发挥，宏观调控体制改革需要进一步深化，利率、汇率市场化不足，财政税收综合改革需继续深化，土地财政、地方债务高企等问题还未根本性改善。国有企业改革仍有待加大力度，市场经济运行的法律制度体系仍不健全。制约消费扩大和升级的体制机制障碍仍然突出，重点领域消费市场还不能有效满足城乡居民多层次多样化消费需求，监管体制尚不适应消费新业态新模式的迅速发展，质量和标准体系仍滞后于消费提质扩容的需要，信用体系和消费者权益保护机制还未能有效发挥作用。总的来说，市场经济体制全面深化改革还有待进一步加大力度。

三、城乡一体化机制有待完善

改革开放 40 年，中国经历了规模最大、速度最快的城镇化进程。数据显示，中国城镇化率由 1978 年的 17.9% 提高到 2017 年的 58.5%，城镇常住人口达到 8.1 亿人，城市数量由 193 个增加到 657 个。城乡一体化是一场深刻的社会变革，要把城乡统筹起来作为一个有机整体共同发展。2017 年我国常住人口城镇化率已达 56.1%，城镇化快速发展，但以户籍人口计算城镇化率远低于 50%，以城镇常住人口能享受城市社保覆盖也不足 50%。推进城乡一体化建设的政策还不完善，一些地区把内涵丰富的城乡一体化异化成了视觉效果上的"城乡一样化"，没有充分考虑农村生产生活特点，缺少医疗、教育等配套设施。城乡一体化的配套机制不完善，农民无法享受均等化基本公共服务，特别是在农村产权改革、土地资源市场化、投融资体制机制等方面，政策衔接还不到位。在投入方面，城乡一体化需要政府投入，要有效整合交通、城建、农林等涉农资金，同时要摒弃"等、靠、要"思想，创新思维，根据本地的资源和市场潜力，建立多元化的市场投融资机制，盘活土地、文化等资源，发挥政府投入的杠杆作用，带动社会投资。全面建成小康社会，要让 1 亿左右农民工和其他常住人口在城镇定居落户，但人口流动仍受户籍限制，行政区划和城乡二元分割仍没有突破，城镇化率仍然有争议。

四、国家治理方式难以适应社会形势的快速变化

全面深化改革是全面建成小康社会的有力保障，总目标是完善和发展中国特色社会主义制度，推进国家治理体系和治理能力现代化。当前，随着我国经济发展进入新常态，三期叠加特征加剧经济发展转型的艰巨性，给国家治理转型带来挑战。长期以来我国国家治理的主体主要是党和政府，也包括其他政党、社会团体、行业协会、非政府非营利性的社会公益组织、基层自治组织，以及公民、法人和其他组织等。随着政治文明和科学技术的进步，特别是互联网的发展，人民直接参与国家治理不仅显示出越来越明显的必要性，而且展示出越来越广泛的可能性，从而要求国家治理主体日益多元化。传统国家治理以"民"为治理客体，现代国家治理客体已经完全立体化，治国与治党、治社会与治环境和市场、治现实世界与治虚拟世界等交叉并存。随着我国经济社会转型，国家治理的客体内容更加丰富，我国全面小康目标不断更新也是这种客体丰富的反映，治理方式和治理手段亟待创新，以不断适应治理主体和客体的不断扩大。

五、政府"放管服"改革力度有待进一步加大

围绕推动高质量发展、建设现代化经济体系，要加快推进政府职能深刻转变，减少政府对市场资源的直接配置，减少政府对市场活动的直接干预，放活微观主体，创新和完善事中事后监管，提高政府服务效能，促进政府职能深刻转变。推进国家治理体系及社会治理体系现代化，要保障国家权力的人民性，建立人人平等的社会体系；要积极探索和发展社会主义民主，保证有序实现人民的权利主张，有序推进人民的权利实现；要优化国家机构的组织结构，提高国家行动的效能。加快打造国际一流、公平竞争的营商环境，更大程度地激发市场活力、增强内生动力、释放内需潜力，进一步解放和发展生产力，建设人民满意的法治政府、创新政府、廉洁政府和服务型政府。

第五章　全面建成小康社会的国际比较

全面建成小康社会是一个动态概念,是从历届党的代表大会和国民经济五年发展规划中的小康概念发展而来的,涵盖了经济建设、政治建设、文化建设、社会建设和生态文明建设的"五位一体"总布局的内容。习近平总书记党的十八大之后的系列讲话和十八届五中全会的《中共中央关于制定国民经济和社会发展第十三个五年规划的建议》对全面建成小康社会的内容进行了进一步丰富,即"四个全面"的战略部署和"五大发展"的新理念。世界银行、联合国开发计划署等国际组织开发了与小康社会目标相关联或类似的指标体系。本章内容的比较对象选取了高收入国家和俄罗斯等五个中高收入国家,依据这些国际组织的指标体系,与我国全面建成小康社会主要目标水平进行比较,分析我国在全面建成小康社会阶段所面临的问题,为我国如何成功跨越"中等收入陷阱"提供借鉴。

第一节　全面建成小康社会的国际定位

国外专门针对小康社会及其指标体系的研究较少,因为小康社会缘起于历史上中国人民对美好生活的向往而提出的,是一种中国化的概念。但从人类追求理想生活和人类共同的价值视角出发,世界银行(WB)、联合国开发计划署(UNDP)、世界经济论坛等国际组织划定和开发了与小康社会相关联或类似相关的指标体系,从一定程度上可以解读国际社会对小康社会的认知与评价。在具体的小康社会的国际比较上,本书以人均GNI的指标为主线,找到与我国实现小康目标的人均GNI水平相当的国家,并在世界银行、联合国开发计划署以及世界经济论坛中找到这些国家的相应指标值进行比较。

一、当前我国人均收入水平的国际定位

按照世界银行的历年划分标准,我国于1997年和2010年分别跨越低收入国家分界线和中低收入国家分界线。这意味着我国成功实现了由低收入水平向中等收入水平的发展跨越,正在向高收入阶段迈进。

世界银行的数据表明,2017年我国人均国民收入(GNI)[①] 已达8690美元,排名为第67名,在1978年200美元的基础上已增长了将近50倍。本书进行国际比较,选取两类比较对象,一类为高收入国家的平均水平(包括经合组织国家),另一类为五个中高收入国家。所选取的这五个国家2017年人均GNI分布在9500~11500美元,我国建成全面小康社会的水平与这些国家在经济发展、人民生活等方面进行比较具有一定的代表性。

2017年人均GNI的世界平均水平为10366美元,中高收入国家的人均GNI为8192美元,高收入国家的人均GNI平均水平为40136美元,经合组织国家(OECD)的人均GNI平均水平为37321美元,如图5-1所示。五个中高收入国家2017年人均GNI分别为:俄罗斯9232美元、马来西亚9650美元、土耳其10930美元、巴西8580美元和墨西哥8610美元,如图5-2所示。

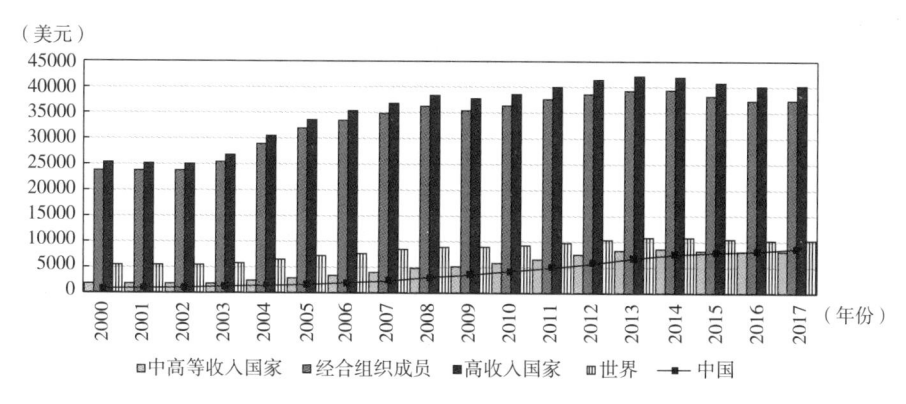

图5-1 中国人均GNI水平国际比较

资料来源:世界银行。

[①] 与一般统计指标所采用的人均国内生产总值(GDP)不同,此处采用人均GNI,主要是为了方便进行国际比较,因为世界银行和联合国开发计划署所采用的都是人均GNI。

(美元)

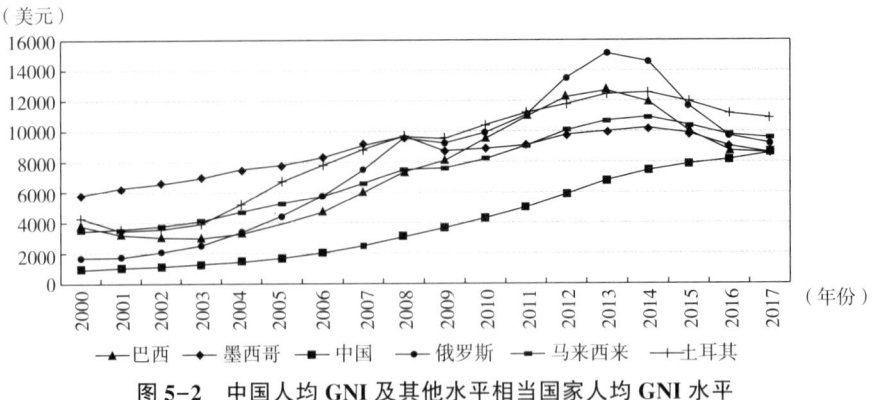

图 5-2　中国人均 GNI 及其他水平相当国家人均 GNI 水平

资料来源：世界银行。

二、全面建成小康社会人均收入水平的国际定位

进一步核算我国实现小康水平的人均 GNI，依据以美元计的我国 2017 年人均 GNI 水平 8690 美元和 2017 年以人民币计算得出的实现程度 96.45%，估算出我国小康水平的人均 GNI 为 9290 美元，即：

根据世界银行数据，我国小康水平的人均 GNI 预测值：9290 美元 = 8690 美元/96.45%，9290 美元的小康水平大致相当于 2017 年全球人均 GNI 的第 65 名左右，与俄罗斯的人均 GNI 水平相当，离高收入国家人均 GNI 的 12055 美元门槛（2018 年 7 月 1 日标准）[①] 尚有将近 30% 的距离（见表 5-1）。同时，我国全面建成小康社会的人均 GNI 水平与 2017 年经合组织（OECD）和高收入国家的人均 GNI 水平的 37321 美元、40136 美元的差距也非常大。该小康水平依然处于中高收入国家之列，高于 2017 年中高收入国家人均 GNI 平均水平 8192 美元，但依然低于世界平均水平的 10366 美元。

表 5-1　中国全面建成小康社会的人均 GNI 的国际定位　单位：美元

国家分类	低收入	中低收入	中高收入	高收入	中国（2017 年）	小康水平（估）
区间值	≤995	996~3895	3896~12055	≥12055	8690	9290

资料来源：世界银行。

---

① 人均 GNI 的 2017 年数据和 2020 年实现的目标值依据国家统计局的国民总收入除以当年的人口总数获得，其中，2020 年的目标值依据翻两番的目标从 2010 年当年的人均 GNI 值获得。

三、从全面建成小康社会到跨越"中等收入陷阱"

基本实现中等发达国家的水平,应该首先达到高收入国家人均 GNI 门槛的 12055 美元,跨越"中等收入陷阱"。假设我国人均 GNI 增长率按照 GDP 预计增长率保持在 5.5%~6.5%,依据 2017 年实现值 8690 美元的水平,以 6.5% 和 6.0% 的增长速度,人均 GNI 预计将在 2023 年跨越高收入国家门槛的 12055 美元,可以达到 12680 美元和 12367 美元;以 5.5% 的增长速度,人均 GNI 预计将在 2024 年跨越高收入国家门槛,可以达到 12641 美元(见图 5-3)。也就是说,可以初步跨越"中等收入陷阱"。从历年世界银行所划定的标准线浮动较小的实际情况来考察,在 2023 年左右我们国家基本可以迈过高收入国家的门槛。但以高收入国家和经合组织国家的人均 GNI 水平来衡量(以 2017 年的实际值为标准,假设经合组织成员国和高收入国家的人均 GNI 的增长率为 1.5%),我国人均 GNI 与 2024 年的经合组织国家和高收入国家的人均 GNI(41421 美元和 44545 美元)的差距依然较大。

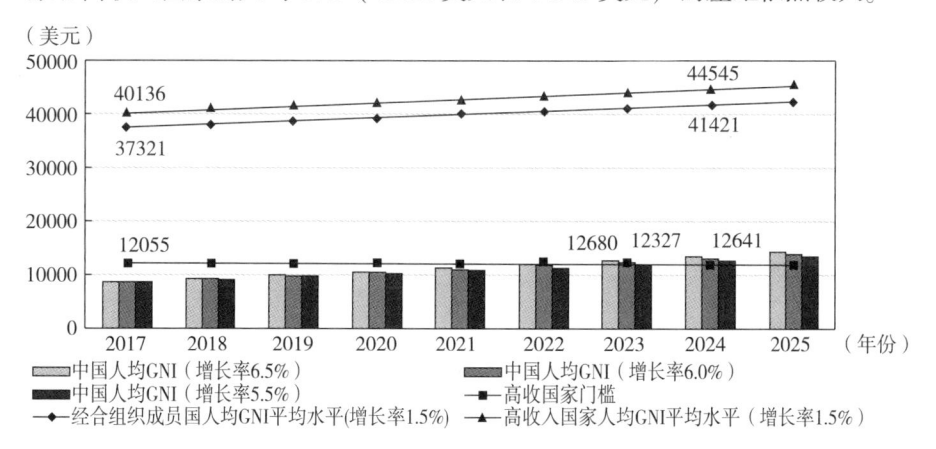

图 5-3 中国的人均 GNI 水平预测值及国际比较

资料来源:世界银行。

四、其他经济发展指标的国际比较

根据世界银行 2018 年 6 月发布的《全球经济展望》预测,2018~2020

年中国经济增长率（GDP）将微降至6.5%、6.3%和6.3%。借鉴2018年6月世界银行所发布的《全球经济展望》的各国经济增长率，本书对2018~2020年的各国人均GNI进行了预测。从中国与俄罗斯、马来西亚、土耳其、巴西和墨西哥五国的比较来看，中国的人均GNI在2018年会超过巴西和墨西哥，但依然落后于其他三个国家。依据世界银行的预测，在2019年我国人均GNI可以超过我国全面建成小康目标的9795美元的水平（见表5-2）。

表5-2 世界银行经济增长预测　　　　单位：美元

指标		俄罗斯	马来西亚	土耳其	巴西	墨西哥	中国	高收入国家标准（美元）
2017年（实际）		9232	9650	10930	8580	8610	8690	≥12055
2018年（预测）	增长率（%）	1.5	5.4	4.5	2.4	2.3	6.5	
	人均GNI（美元）	9370	10171	11422	8786	8808	9255	
2019年（预测）	增长率（%）	1.8	5.1	4	2.5	2.5	6.3	
	人均GNI（美元）	9539	10690	11879	9006	9028	9838	
2020年（预测）	增长率（%）	1.8	4.8	4	2.4	2.7	6.2	
	人均GNI（美元）	9711	11203	12354	9222	9272	10448	

资料来源：根据世界银行《全球经济展望》（2018年6月发布）计算整理。

第二节　世界银行的分类标准及国际比较

依据国家统计局构建的我国建成全面小康社会的指标体系，本书在世界银行数据库中找出相应的经济发展和人民生活指标，将我国全面小康社会的实现水平与俄罗斯、马来西亚、土耳其、巴西和墨西哥五个中高收入国家进行比较。

一、经济发展指标的国际比较

表5-3列明了第三产业增加值占GDP比重、居民消费支出占GDP比重、R&D经费支出占GDP比重、互联网普及率和城镇人口比重五项指标，

第五章 全面建成小康社会的国际比较

通过将我们预计要实现的小康目标值与俄罗斯、马来西亚、土耳其、巴西和墨西哥五个中高收入国家的 2014 年或 2015 年[①]水平进行比较,我们发现:

表 5-3 世界银行经济发展指标(部分)比较

经济发展指标

第三产业增加值占 GDP 比重(%)

国家	俄罗斯	马来西亚	土耳其	墨西哥	巴西	高收入国家	中国	小康目标值
2015 年	62.77	55.12	64.96	63.62	72.05	73.84	50.19	≥55

注 1:高收入国家的消费支出占 GDP 比重数据为 2014 年;注 2:中国官方统计(国家统计局)2015 年该指标数值为 50.05%。

居民消费支出占 GDP 比重(%)

国家	俄罗斯	马来西亚	土耳其	墨西哥	巴西	美国	中国	小康目标值
2015 年	51.87	54.12	69.07	67.08	63.37	59.74	37.00	≥36

注 1:世界银行没有统计高收入国家的消费支出占 GDP 比重,以美国代替;注 2:中国官方统计(国家统计局)2015 年该指标数值为 38.42%。

R&D 经费支出占 GDP 比重(%)

国家	俄罗斯	马来西亚	土耳其	墨西哥	巴西	高收入国家	中国	小康目标值
2014 年	1.19	1.26	1.01	0.54	1.24	2.46	2.05	≥2.5

注:巴西和高收入国家的 R&D 占 GDP 比重的数据为 2013 年。

互联网普及率(%)

国家	俄罗斯	马来西亚	土耳其	墨西哥	巴西	高收入国家	中国	小康目标值
2015 年	73.41	71.06	53.74	57.43	59.08	81.01	50.30	≥70

城镇人口比重(%)

国家	俄罗斯	马来西亚	土耳其	墨西哥	巴西	高收入国家	中国	小康目标值
2015 年	74.01	74.71	73.40	79.25	85.69	81.12	56.61	≥60

注:中国官方统计(国家统计局)2015 年该指标数值为 56.61%。

资料来源:世界银行。

[①] 世界银行数据库中的指标目前的大部分最新经济发展数据截至 2014 年或 2015 年。

第一，在第三产业增加值占 GDP 比重、居民消费支出占 GDP 比重、城镇人口比重三项指标上，我国的小康水平分别可以实现 55%、36%、60%，这种水平完全落后于 2015 年的全部五个中高收入国家水平并且更大幅度落后于高收入国家（或美国）在 2015 年（或 2014 年）的水平。尤其是居民消费支出占 GDP 比重远远落后，该指标在 2015 年已经实现了小康目标（≥36%），说明该目标值设置过低应当予以修正。

第二，在 R&D 经费支出占 GDP 比重的小康水平上，我国的小康水平可以实现 2.5%，表现优异，大幅度领先于 2015 年的全部五个中高收入国家水平，并且高于高收入国家在 2015 年（或 2014 年）的水平，说明我国对于研发投入的力度要普遍高于中高收入国家，并且与高收入国家研发投入的平均水平基本保持在同一水平线上。

第三，在互联网普及率的小康水平上，我国的小康水平可以实现 70%，领先于土耳其、墨西哥和巴西三个国家在 2015 年的水平，但落后于俄罗斯和马来西亚在 2015 年的水平，离 2015 年高收入国家的平均水平的差距大约有 11%。

二、人民生活指标的国际比较

表 5-4 列明了总失业率、基尼系数和平均寿命三项指标，通过将我们预计要实现的小康目标值与俄罗斯、马来西亚、土耳其、巴西和墨西哥五个中高收入国家进行比较，我们发现：

第一，在总失业率上，世界银行的数据表明，我们在 2014 年为 4.7%已经达到了小康社会的目标值（≤6%）的水平，其所设定的小康社会（≤6%）的水平要优于巴西、土耳其，甚至优于高收入国家在 2014 年的水平，落后于俄罗斯、马来西亚和墨西哥的水平，该指标在 2014 年表现最好的是马来西亚，只有 2%。

第二，在基尼系数上，基尼系数通常把 40%作为收入分配差距的"警戒线"，根据黄金分割律，其准确值应为 38.2%，一般发达国家的基尼系数在 24%~36%，美国在发达国家中通常偏高在 40%左右，日本、德国和北欧国家较低，大约维持在 20%~30%。所选定的这五个中高收入国家和美国都属于贫富差距较大的国家，由于是贫富差距"警戒线"，我国更应该向日本、德国和北欧国家看齐（源于其高额累进税制的"劫富济贫"）。另外，由于基尼系数是一项有关收入分配的结构性复合指标，不具有向上或向下的长期趋势，发达国家的基尼系数由于其税收调节制度的相对固定，其波动方位较小。对于我国而言，应该在增加国民收入的基础上，不断解决贫富差距过大的问题，这是一项艰难而重大的任务。

第三，在人均寿命的小康水平上，我国小康水平的人均寿命可以达到76 岁，2014 年我们已经达到了 75.78 岁的水平。领先于俄罗斯、土耳其、马来西亚和巴西四个中高收入国家在 2014 年的水平，稍稍落后于墨西哥的人均寿命，但离高收入国家平均水平 80.58 岁的差距还较大。

表 5-4　世界银行人民发展指标（部分）比较

人民生活指标								
总失业率（%）								
国家	俄罗斯	马来西亚	土耳其	墨西哥	巴西	高收入国家	中国	小康目标值
2014 年	5.10	2.00	9.20	4.90	6.80	7.37	4.70	≤6

注：中国官方统计（国家统计局），2015 年该指标数值（调查失业率）为 5.1%。

基尼系数（%）								
国家	俄罗斯	马来西亚	土耳其	墨西哥	巴西	美国	中国	小康目标值
2014 年	41.59	46.26	40.18	48.21	51.48	41.06	46.9	≤40

注 1：世界银行没有统计高收入国家基尼系数，这里以美国代替。注 2：各国最新的基尼系数为：俄罗斯 2012 年；土耳其 2013 年；马来西亚 2009 年；美国 2013 年；巴西和墨西哥 2014 年。

平均寿命（岁）								
国家	俄罗斯	马来西亚	土耳其	墨西哥	巴西	高收入国家	中国	小康目标值
2014 年	70.37	74.72	75.16	76.72	74.40	80.58	75.78	≥76

注：中国官方统计（国家统计局），2015 年该指标数值为 76.34 岁。

资料来源：世界银行。

第三节 联合国组织分类标准及国际比较

联合国组织对国家的分类标准大约有两种:一种是联合国社会发展研究所和粮食及农业组织的恩格尔系数划分标准,目前主要采用的是联合国粮食及农业组织的划分标准;另一种是联合国开发计划署的人类发展指数。

一、联合国粮食及农业组织分类标准及国际比较

联合国粮食及农业组织(FAO)依据恩格尔系数将国家划分为五类,高于60%为赤贫;50%~60%为温饱;40%~50%为小康;30%~40%为富裕;低于30%为最富裕。后来进一步将低于30%为最富裕的标准细分为20%~30%为富足;20%以下为极其富裕(见表5-5)。目前美国、法国、英国、韩国和日本等国的恩格尔系数保持在8%~15%,属于极其富裕国家,这也基本符合这些国家的实际情况。但同时需要注意,近年来国际经济和社会发展面临着粮食价格上涨较高的问题,出现了个别年份恩格尔系数上升的态势,例如,一些研究资料显示日本的恩格尔系数个别年份出现了20%的情况。

我国恩格尔系数的统计在2013年之前将城镇和农村居民进行了区分,分别予以统计。中国城镇居民生活的恩格尔系数在1996年下降到50%以下,标志着我国城镇人口开始步入小康生活水平,2000年下降到39.4%,首次降到40%以下,尤其是在2001年城镇居民人均购买食品支出达2014元,在比1993年增长1.90倍的同时,恩格尔系数从1993年的50.13%降到了38.2%,因此,自2000年我国城镇人口开始达到其标准分类下的富裕水平,从2000年到分类统计的2013年间我国城镇居民依据联合国粮食及农业组织对富裕国家的标准一直处于富裕水平。农村居民生活的恩格尔系数自2000年开始低于50%,降到了49.1%,从温饱开始步入小康生活标准,从2000年一直到2011年,农村居民生活的恩格尔系数值表明其一直保持在小康生活水平。到2012年,农村居民生活的恩格尔系数值低于

40%，降到了 39.3%，亦表明农村居民的生活达到了富裕水平。

2013 年之后采用了全社会统一口径，2013 年、2014 年、2015 年、2016 年和 2017 年五年的恩格尔系数分别为 31.2%、31%、30.6%、30.1% 和 29.3% 的水平，前四年处于富裕水平，2017 年低于 30% 的"富足"线，进入了富足国家的行列，也提前实现了我国全面建成小康社会的目标。但与 20% 的极其富裕水平门槛尚有近 10% 的差距，根据我国 2013~2016 年恩格尔系数平均每年能减少 0.475% 的水平，从 29.3% 到 20% 大约需要 20 年的时间，这个差距不可谓不大，要比人均 GNI 迈入高收入国家的门槛只需要 6~7 年的时间所带来的挑战更大。

表 5–5　联合国粮食及农业组织的划分标准及中国恩格尔系数　单位：%

国家分类	赤贫	温饱	小康	富裕	富足	极其富裕	中国（2017年）	小康水平
区间值	≥60	50~60	40~50	30~40	20~30	≤20	29.3	≤30

资料来源：联合国粮食及农业组织数据库；国家统计局。

二、联合国组织的人类发展指数标准及国际比较

1990 年联合国开发计划署（UNDP）开发了一套人类发展指数（Human Development Index，HDI），通过寿命、教育和收入三大类指标统一了国家间发展水平比较的衡量标准。根据人类发展指数，各国被划分为：极高、高、中、低四个组别。只有列入"极高"组的国家才属发达国家，剩下的三组都是发展中国家。其划分标准为：人类发展指数在 0.550 以下为低人类发展水平，0.550~0.699 为中等人类发展水平，介于 0.700 和 0.799 之间为高人类发展水平，0.800 以上为极高人类发展水平。该组织每年发布的《人类发展报告》具体评价了各个国家的人类发展水平，挪威、瑞士和澳大利亚一直稳居前位，其他的北欧国家、德国、美国、日本等也位居前列。

在寿命、教育和收入三大类指标中，收入指标通过估算实际人均国内

生产总值的购买力平价来测算，寿命即预期寿命，教育通过平均受教育年限（2/3 权数）和预期受教育年限（1/3 权数）来计算。对于每一个变量来说，其使用的实际值是按照它在一个特定的国际最低值和国际最高值之间的数值占从最低值到最高值之间总体差距的百分比计算。

人类发展指数（HDI）从动态上对人类发展状况进行了反映，揭示了一个国家的优先发展项，为世界各国尤其是发展中国家制定发展政策提供了一定依据，从而有助于挖掘一国经济发展的潜力。通过分解人类发展指数，可以发现社会发展中的薄弱环节，为经济与社会发展提供预警。其指数优点主要体现在两个方面：一方面，人类发展指数用较易获得的数据，认为对一个国家福利的全面评价应着眼于人类发展而不仅仅是经济状况，计算较容易，比较方法简单。另一方面，人类发展指数适用于不同的群体，可通过调整收入分配、性别差异、地域分布，反映少数民族之间的差异。HDI 从测度人文发展水平入手，反映一个社会的进步程度，为人们评价社会发展提供了一种新的思路。

HDI 的计算方式如下：

- 预期寿命指数(LEI) = ($LE-20$)/($83.2-20$)
- 教育指数(EI) = ($\sqrt{MYSI \times EYSI}-0$)/($0.951-0$)
- 平均学校教育年数指数($MYSI$) = ($MYS-0$)/($13.2-0$)
- 预期学校教育年数指数($EYSI$) = ($EYS-0$)/($20.6-0$)
- 收入指数(II) = ($\ln(GNIpc)-\ln(163)$)/($\ln(108211)-\ln(163)$)
- 而 HDI 值为三个基本指数的几何平均数

---

1. LE：预期寿命
2. MYS：平均学校教育年数（一个大于或等于 25 岁的人在学校接受教育的年数）
3. EYS：预期学校教育年数（一个 5 岁的儿童一生将要接受教育的年数）
4. $GNIpc$：人均国民收入

该数据指标显示，2017 年中国在 188 个国家（地区）中以 0.752 的水平列第 86 位，属于高人类发展水平国家组。相比较而言，2017 年我国人均 GNI 排名可以到第 67 名，这反映了我国在其他两项指标较其他国家相对落后。纵向比较来看，回顾该指数所反映的我国 30 多年的发展历程，

1980年中国还处于低人类发展水平组，1995年后进入了中等人类发展水平组，2011年则达到了高人类发展水平。在2010年以后，我国的人类发展指数开始超过世界平均水平。在1990年处于低人类发展水平组别的47个国家中，目前中国是唯一跻身于高人类发展水平组的国家。表5-6展示了我国自1980年以来的HDI指数在寿命、教育和收入三大类指标上的发展历程。

表5-6 中国HDI发展历程

年份	预期寿命	预期学校教育年数	平均学校教育年数	人均国民总收入 2011 PPP MYM	HDI值
1990	69.3	8.8	4.8	1529	0.502
1995	70.2	9.1	5.7	2530	0.550
2000	72.0	9.6	6.5	3662	0.594
2005	74.0	11.0	6.9	5682	0.647
2010	75.2	12.9	7.3	9485	0.706
2015	76.1	13.8	7.7	13519	0.743
2016	76.3	13.8	7.8	14354	0.748
2017	76.3	13.8	7.8	15270	0.752

资料来源：联合国人类发展指数数据库。

但从国际横向比较的视角来看，应该说该指数评价结果反映了中国人民生活的实际水平。该榜单可清晰地反映中国与发达国家间的显著差距，在人类发展指数排名上可以看出中国不属于极高组别之列，这一点从表5-7可以看出。中国2017年该指数0.752的水平尚未达到绝大多数前30名发达国家1980年的水平，而仅相当于韩国20世纪80年代末的水平。美国以及排名前三位的挪威、澳大利亚、瑞士35年前该指数就已经达到或超过0.81（相当于2014年第48位的发展指数）。中国要达到该水平，根据此前数据推算，至少需要10~15年，这意味着中国与美国等最发达国家的差距在45~50年。

表 5-7 联合国开发计划署（UNDP）人类发展指数

人类发展指数	国家	HDI 值 2017	LEI (年) 2017	EYSI (年) 2017	MYSI (年) 2017	人均 GNI (2011 PPP MYM) 2017
极高水平发展						
1	挪威	0.953	82.3	17.9	12.6	68012
2	瑞士	0.944	83.5	16.2	13.4	57625
3	澳大利亚	0.939	83.1	22.9	12.9	43560
4	爱尔兰	0.938	81.6	19.6	12.5	53754
5	德国	0.936	81.2	17.0	14.1	46136
6	冰岛	0.935	82.9	19.3	12.4	45810
7	中国香港	0.933	84.1	16.3	12.0	58420
8	雅典	0.933	82.6	17.6	12.4	47766
9	新加坡	0.932	83.2	16.2	11.5	82503
10	荷兰	0.931	82.0	18.0	12.2	47900
49	俄罗斯	0.816	71.2	15.5	12.0	24233
57	马来西亚	0.802	75.5	13.7	10.2	26107
高水平发展						
64	土耳其	0.791	76.0	15.2	8.0	24804
74	墨西哥	0.774	77.3	14.1	8.6	16944
79	巴西	0.759	75.7	15.4	7.8	13755
86	中国	0.752	76.4	13.8	7.8	15270
	世界	0.728	72.2	12.7	8.4	15295

资料来源：联合国人类发展指数数据库。

同时，在该指数的 2017 年排名中，俄罗斯、马来西亚、土耳其、墨西哥和巴西的排名均高于中国，其中，俄罗斯与马来西亚属于极高人类发展水平的国家，中国与另外三个国家属于高人类发展水平的行列。从分项指标来看，中国在 MYSI（平均受教育年限）指标和 EYSI（预期受教育年限）的表现较差，MYSI 7.8 的水平甚至要低于世界平均水平的 8.4。

第四节 国家竞争力的国际比较

国际竞争力主要运用市场经济理论和市场原则，建立系统全面描述一国经济运行的各个方面的有机评价体系，并在世界范围内进行各国的比较和分析，来追求市场经济竞争下的最优方式和途径，实现不断提高各国创造财富综合能力的目标。国际竞争力评价是一个指标系统总体，能够全面评价一个国家的综合实力，但影响综合国力的因素很多，评价方法也比较复杂，一般而言其指标体系要较小康社会的评价指标体系庞大。虽然国际竞争力的评价自身不属于经济和社会发展水平评价的范畴，但由于国际竞争力是决定世界各国经济发展前景的关键因素，它与未来各国发展水平及各国在世界经济格局中的地位密切关联，在研究小康社会的评价标准上是一个值得我们予以关注的评价领域，而且，从这些指标分布来看要比我国小康社会的评价标准更广，在一定程度上可以为我们研究小康社会的标准与评价提供重要借鉴。

当前对国际竞争力进行研究的机构主要有世界经济论坛（World Economic Forum，WEF）和瑞士国际管理学院（International Institute for Management Development，IMD）两个组织，这两个组织每年分别发布《全球竞争力报告》和《世界竞争力年鉴》，对各个国家的综合竞争力进行打分和评价。这两个组织在 1989 年开始合作并共同发布了国家竞争力报告，一般而言，WEF 侧重于以 5~10 年中长期的人均 GDP 的增长为基础，建立多因素的系统评价体系：全球竞争力指数（GCI）。现在 GCI 所采用的指标体系为 2004 年萨拉·伊·马丁教授所开发，从基础条件、效率推进和创新与成熟度因素三个领域开发出 12 项竞争力支柱项目：制度、基础设施、宏观经济稳定性、健康与初等教育、高等教育与培训、商品市场效率、劳动市场效率、金融市场成熟性、技术设备、市场规模、商务成熟性、创新，而

WEF最新发布的《全球竞争力报告（2016~2017）》中有109个具体指标。IMD每年所发布的《世界竞争力年鉴》则侧重于从国家整体的现状水平、实力和发展的潜力，以及国际竞争的资产条件和竞争过程两个方面进行评价。通过对5400余名商业决策人员的深度调查，以经济表现、政府效率、商业效率和基础设施四大主类、340余种具体标准来评估全球61个经济体的竞争力，其中，2/3来自统计指标，1/3来自5500名国际高管。

在WEF发布的《全球竞争力报告（2016~2017）》中，前十名分别为瑞士、新加坡、美国、荷兰、德国、瑞典、英国、日本、中国香港和芬兰；中国的全球竞争力指数为4.95，自2014年以来一直位列第28位。在IMD发布的《2016年世界竞争力年鉴》中，前十名分别为中国香港、瑞士、美国、新加坡、瑞典、丹麦、爱尔兰、荷兰、挪威、加拿大；中国位列25位，比上年度降低了3位。以WEF的全球竞争力指数为例，在12项评价指标中，中国得分较高的领域是：市场规模、宏观经济环境、卫生与初等教育。报告同时列出了中国存在的主要问题因素，包括融资环境、政策稳定性、政府机构的官僚作风和低效率、通货膨胀、腐败等，具体情况如图5-4所示。这就为下一步发现我国在全面实现小康社会的进程中需要重点关注的领域及主要问题提供了有效的借鉴。图5-4全面展示了中国和俄罗斯等其他五个国家在该指数上获得的分值情况。俄罗斯、马来西亚、土耳其、墨西哥和巴西五个国家分别排在第43、25、55、51、81名。马来西亚排在中国前面，其基础设施、商品市场效率、劳动市场效率、金融市场成熟性、技术设备、商务成熟性、创新等几项指标均优于中国，中国只在宏观经济稳定性和市场规模两个方面强于马来西亚。俄罗斯只在个别指标（如基础设施）优于中国，其他方面与中国持平或落后于中国。其余三个国家整体排名较为落后，在12个指标体系的分值分布上全部落后于中国，不再详细说明。

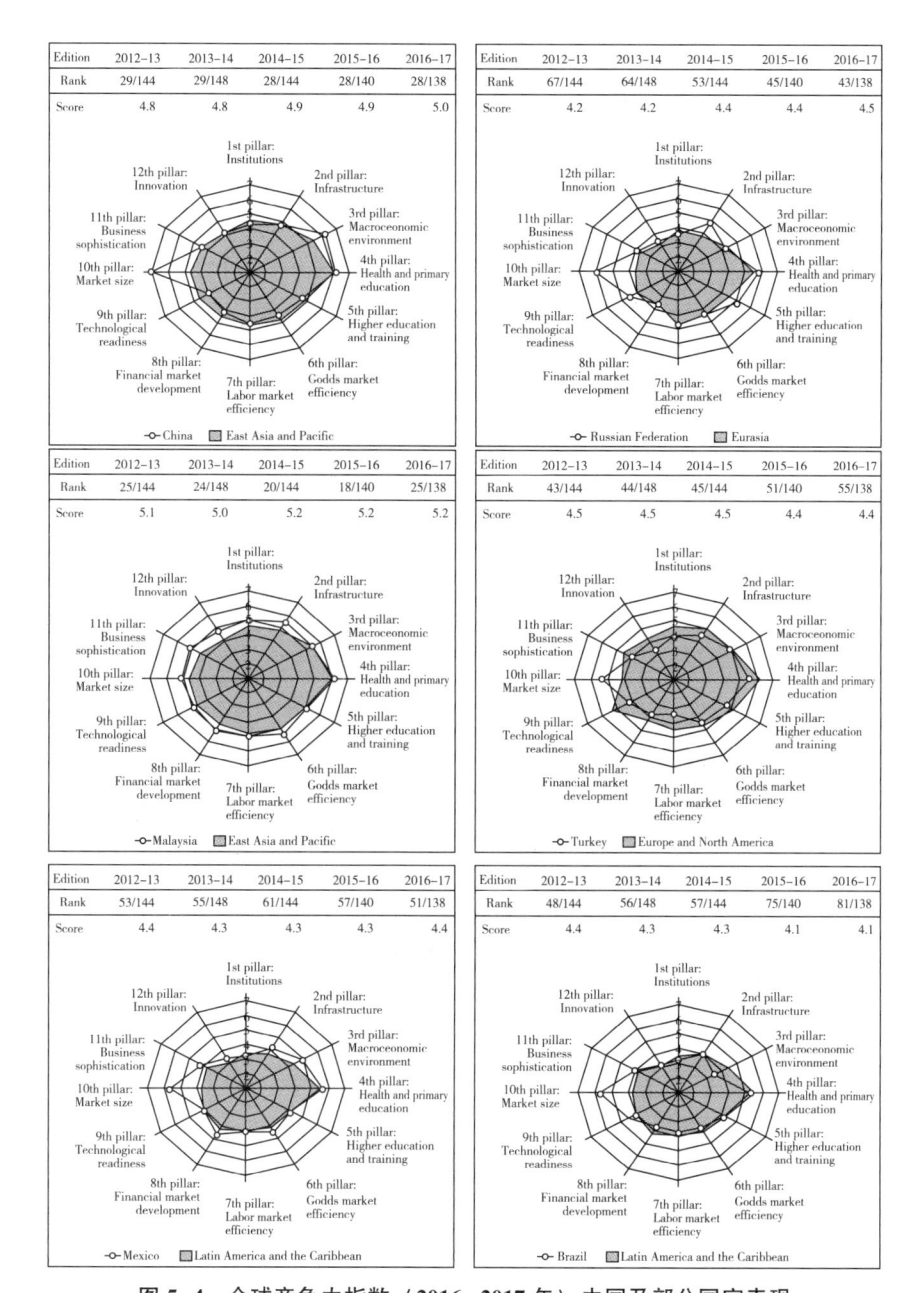

图 5-4　全球竞争力指数（2016~2017 年）中国及部分国家表现

资料来源：世界经济论坛《全球竞争力报告 2016—2017》。

第五节　全面建成小康社会国际比较的启示

理解全面建成小康社会，需要结合我国经济与社会实际情况，并进行科学的界定，虽然小康社会是一种中国化的概念，但通过国际社会相关的评价标准，与类似国家进行比较，我们可以找到并进一步分析出我国在全面建成小康社会阶段所面临的问题，为我国如何成功跨越"中等收入陷阱"提供借鉴。

一、通过国际比较正确理解小康社会

对小康社会的理解，我国与国外存在一定理解上的差异。我们应该思考，城镇居民和农村居民的恩格尔系数所标示的长期处于"富裕"和"小康"的水平究竟符不符合我国的实际情况。同时，国际标准领域内我们所理解的小康，其概念或意境是根据联合国的关于"well off"的概念解释，我国翻译为汉语即为小康，但在具体的理解上还存在差异。联合国粮食及农业组织将达到40%~50%恩格尔系数的国家划分为小康型，我国早在2000年农村居民生活就步入了小康水平，而城镇居民生活甚至达到了富裕水平，这显然与我们所理解的小康和富裕的生活水平有所差异。就普遍意义而言，我国所理解的"小康"水平或所追求的"小康"社会的理想状态，应该是依据恩格尔系数为判断依据的30%以下，也就是应该以联合国粮食及农业组织的划分标准的"富裕"(rich)作为我国"小康"的意境表达。

二、全面建成小康社会目标存在国际差距

通过考察我国全面建成小康社会的进程，我们发现，在国际相关评价标准体系的定位中，我国所处的位置差异较大。在世界银行的评价体系中，当前我国人均GNI水平以8690美元位居世界第67名；在联合国粮食及农业组织的划分标准之下我国当前已经处于了其依据恩格尔系数划分标

准的"富裕"国家之列；在联合国开发计划署的人类发展指数 HDI 标准之下，我国处于第86名，属于高人类发展国家的水平。分析三者的指标体系就可以发现，我国在全面建成小康社会的进程中，应该从哪些领域发力。国际竞争力指数所表达的国家竞争力的着眼点在国家，从整体上审视一个国家的综合发展能力，更多体现的是总量的概念，我国地大物博、人口众多、国家整体实力强的优势可以得以体现。人均 GNI 和恩格尔系数是纯粹的经济发展概念，不牵涉其他人类发展和生活的指标标准，排名较高，说明我国改革开放以来取得了不错的经济发展成果；人类发展指数以人类发展为关注点，除了人均收入指标外，还有寿命、教育的指标评价，我国的排名落到了第86名，主要原因是我国教育方面存在不足，或者说教育支出方面有待改善的空间较大，除了要不断提高人均收入外，应当更加关注我国公民的教育，相应的公共支出领域应该得到更多的关注。

三、中国与俄罗斯等五国经济发展模式的比较带来的启示

通过考察俄罗斯等五个国家的经济发展模式我们发现，这些国家在经济增长、要素禀赋、内部结构及国际分工上具有相似点：①某一阶段经济增长快速，但经济增长模式缺乏可持续性，快速增长之后是快速回落。②自然资源丰富、对外依赖程度高、低端工业制造业为主是这几个国家的显著特点，而且这三个方面是相互关联而存在的。这些国家以石油、铁矿石等自然资源和工业低端产品为主，导致其严重依赖国际市场，当全球经济形势不好的时候，其国际分工的低端产业受到的冲击会更大，尤其是当美元升值的时候，国际资本流出的美元"剪羊毛"现象会在这些国家发生。③贫富差距大，这几个国家基尼系数高的原因不是由于社会阶层造成的，本质上是由经济结构所决定的。低端制造业意味着国际分工的低利润，决定了大部分工人的收入水平低。

中国与这五个国家发展模式相比，既有相似点也有不同之处：第一，我国没有出现快速增长之后的快速回落，但也出现了 L 形的降速。第二，要素禀赋上我国最大的优势是人力资源，与俄罗斯等五国的自然资源优势

不同，这些国家的资源优势具有一定的可替代性，而我国人力资源的优势没有可替代性；同时，我国与这五个国家的对外依存度和低端工业制造的国际分工较为相似。第三，基尼系数所反映的贫富差距问题都存在。

四、如何跨越中等收入陷阱

对于跨越中等收入陷阱，从我国实现了小康收入水平人均 GNI 的 9795 美元来考察，还需要一定的时间来跨越。因此，全面建成小康社会是我国成功跨越"中等收入陷阱"的必经阶段，同时也是跨越中等收入发展阶段之后实现可持续发展的基础。当前需要在即将实现的全面建成小康社会的过程中，着力解决以下矛盾，为我国成功跨越中等收入陷阱奠定坚实基础。

第一，在人口红利的资源禀赋优势逐步消失之际，要抓紧实现经济结构转型升级。由于我国的人力资源优势是不可替代的，在"刘易斯拐点"即将到来之前要抓紧时间进行经济结构的转型升级。

第二，提高劳动者素质和进行技术能力储备。在进行产业链上移的过程中，要将产业工人和技术资本投入随之转移，劳动者素质提高和技术能力提升是适应未来新产业的必备要素。

第三，以城镇化手段解决人口流动性和老龄化的问题。依靠解决"三农"问题，加快农业人口城镇化，通过技术革新提高农业生产效率，解放农村剩余劳动力是应对老龄化的解决方案。

第四，在第三产业、居民消费力和城镇化等方面继续发力。提升第三产业增加值占 GDP 比重（从当前我国经济结构的现实情况来看，更应该提高生产性服务行业的占比）、居民消费支出占 GDP 比重、城镇人口比重三项指标，这三项指标即使在我国实现了全面小康水平之后，也依然落后于俄罗斯等五个国家 2015 年的水平，更远远落后于高收入国家在 2015 年的平均水平。

第五，着重解决贫富差距问题。我国作为社会主义国家，应当在消灭贫困人口、缩小贫富差距和解决区域经济协调发展等问题上向欧盟和日本等国学习，借鉴其在税收等再分配环节上的有效经验，更加有效地发挥政府作用。

五、全面建成小康社会的意义

一方面，全面建成小康社会不但是我国成功跨越"中等收入陷阱"的必经阶段和必要途径，也是实现中华民族伟大复兴的中国梦的必由之路，它坚定了我们中华民族走有中国特色社会主义道路的信念。另一方面，中国作为世界上第一人口大国，全面建成小康社会的成功实践可以带动广大发展中国家的发展，为这些相对落后的国家发展提供现实可行的有效借鉴和建设路径，从这一点上而言，我国全面建成小康社会的实践也是基于全人类"共同价值"的伟大实践。

第六章　新发展理念引领全面建成小康社会的案例调研

改革开放 40 年，我国总体上实现小康社会并取得巨大发展成就。未来一段时期是我国全面建成小康社会的关键阶段，也是深化改革开放、加快转变经济发展方式的攻坚时期。用新发展理念增强发展动力、厚植发展优势，对于全面建成小康社会和实现两个"一百年"的目标，具有十分重要的意义。A 区 1988 年被国务院确定为沿海开放县，是辽宁省 15 个县域经济发展重点县之一。本书以 A 区为案例，通过文献研究、数据分析、政府座谈、企业访谈、实地考察、归纳总结等方法，进行了深入调研。

第一节　A 区全面建成小康社会的现状分析

一、A 区概况

近年来，A 区积极应对经济社会新形势、新任务、新挑战，坚持以习近平新时代中国特色社会主义思想为指导，深入学习贯彻党的十九大精神，持之以恒落实"五大发展理念"和"四个着力"，牢固树立"四个意识"，统筹推进稳增长、调结构、促改革、惠民生、防风险各项工作，国民经济平稳健康发展，社会事业不断进步，人民生活持续改善，生态环境更加协调。2017 年 A 区地区生产总值 173.3 亿元，人均地区生产总值 46646 元，规模以上工业增加值 20.86 亿元，固定资产投资 80.11 亿元，社会消费品零售总额 64.95 亿元，外贸出口 3490 万美元，实际利用外资

984.4万美元；一般公共预算收入115072万元，其中税收收入98122万元。临港工业等快速发展，全域旅游、电子商务等新兴业态蓬勃发展，特色小镇、美丽乡村等特色显著。

二、A区全面建成小康社会的主要成效

第一，经济结构效益呈现优化提升的发展态势。党的十八大以来，A区加快转变发展方式，努力调整经济结构。三大产业比重由2013年的25.03∶55.00∶19.97，发展至2017年的36.9∶27.6∶35.5（见图6-1）；第二产业占地区生产总值的比重逐步下降，第三产业占地区生产总值的比重呈现平稳上升态势。根据统计数据，A区居民人均储蓄余额从2011年的19097元、2012年的23386元，增长到2015年的40059元、2016年的45603元，呈现持续快速上升的态势。2017年A区个人所得税收入为2270万元，同比增长40.7%。

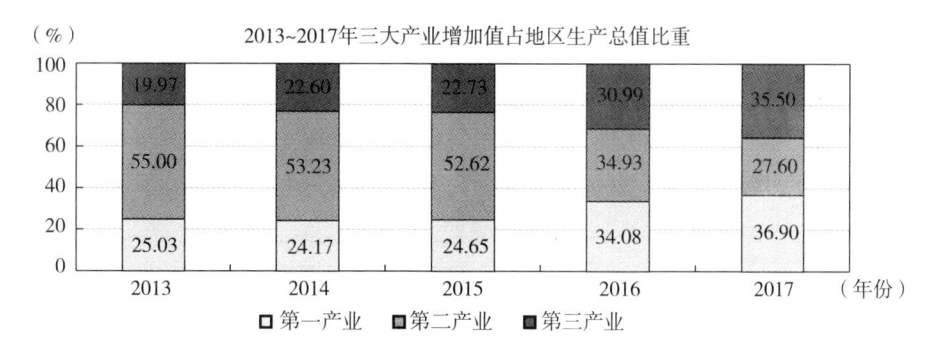

2013~2017年三大产业增加值占地区生产总值比重

年份	第一产业	第二产业	第三产业
2013	25.03	55.00	19.97
2014	24.17	53.23	22.60
2015	24.65	52.62	22.73
2016	34.08	34.93	30.99
2017	36.90	27.60	35.50

图6-1　A区产业结构发展态势（2013~2017年）

第二，民生保障事业取得长足发展。2017年A区公共财政预算支出322379万元，比上年增长6.3%。其中，社会保障和就业支出69550万元，增长42.1%；教育支出38254万元，增长0.6%；农林水支出84797万元，增长65.7%；医疗卫生和计划生育支出24336万元，增长18.2%。截至2017年末，A区有文化馆（站）13个，公共图书馆（室）13个，图书馆藏书24.1万册。年末广播综合人口覆盖率100%，电视综合人口覆盖率

100%，各类卫生机构272个。

第三，农村居民人均可支配收入呈现增长态势。2017年A区第一产业增加值64亿元，占地区生产总值的比重为36.9%。农业龙头企业达到133家，各类家庭农场达到137家，农民专业合作社达到598家，高标准设施农业小区达到4000亩，全区综合机械化率达到95%，初步形成了以农垦集团为龙头，家庭农场、专业合作社为骨干，大米、河蟹为支撑，碱地系列农产品为补充，规模化、集约化、品牌化为目标的现代农业体系。近年来，A区农村居民人均可支配收入从2011年的11385元、2014年的13042元，增长至2017年的16298元，呈现总量增长的态势（见图6-2）。2017年，农民工返乡创业1087人，人均收入3.84万元。

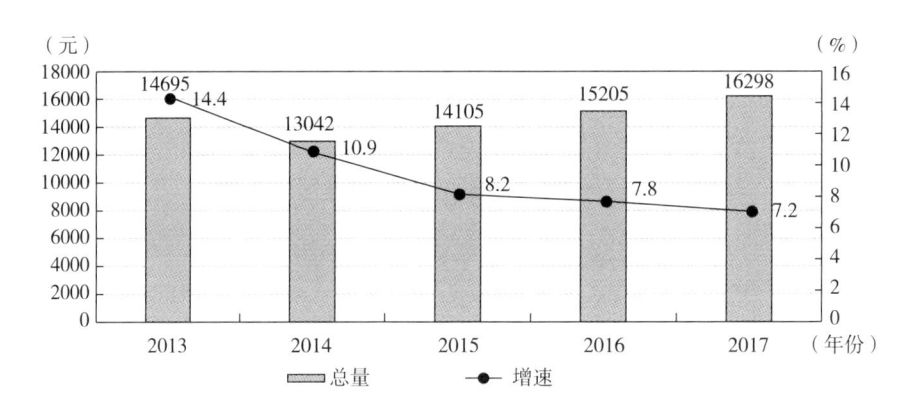

图6-2　A区农村居民人均可支配收入情况（2013~2017年）

第四，工业转型升级初显成效。坚持差异化定位、特色化发展，初步形成以临港经济区为核心、以各镇特色工业园区为支撑的产业布局。2017年，A区第二产业增加值为47.81亿元，占地区生产总值的27.6%。石油化工、轻工建材、装备制造、农副产品四大主导产业规模以上企业增加值20.86亿元。小巨人企业达到16家，企业研发机构达到38家，覆盖率超过50%。

第五，生态旅游等现代服务业快速发展。A区的现代服务业发展态势强劲，旅游产业牵动效应显著。2017年A区接待国内外旅游者1002.3万人次，全年旅游总收入85.9亿元。突出温泉和湿地两大特色旅游资源，入选中国农业部"互联网+"现代农业百佳案例和国家商务部"全国十大经典案例"。近年来，A区的社会消费品零售总额从2011年的35.8亿元，增长至2017年的64.9亿元，呈现总量持续增长、增速趋缓的发展态势（见图6-3）。

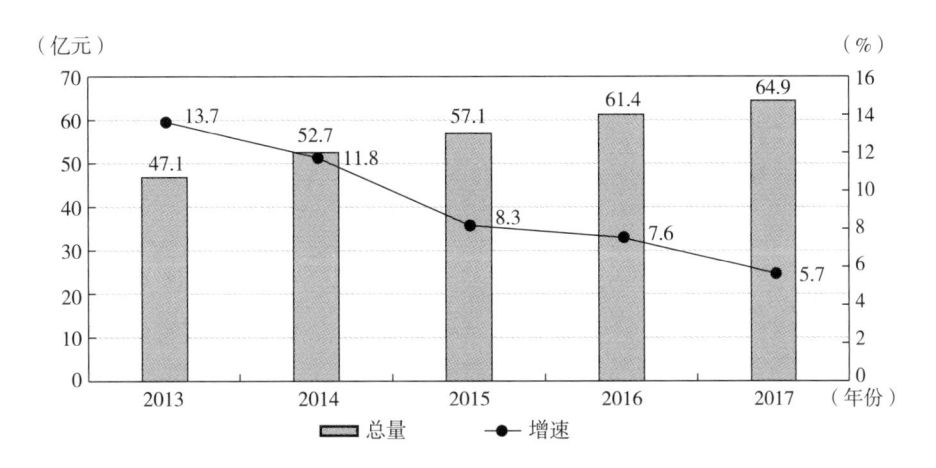

图6-3 A区社会消费品零售总额及年增长态势（2013~2017年）

第六，特色小镇和美丽乡村建设成效凸显。A区以生态温泉城建设为特色、以重点镇建设为辐射，优化城镇化布局和形态。2017年常住人口38万人，城镇化率57.1%；全年城镇环境空气质量平均优良天数为276天，优良天数比例为75.6%，其中环境空气优级天数为81天。基础设施日益完善，农村居民生产生活条件切实得到改善。

三、A区全面建成小康社会面临的重点问题

近年来，受东北地区大环境影响，A区的投资拉动明显减弱，经济下行压力较大，全面建成小康社会面临一些亟待解决的重点问题。

第一，加快区域新旧动能转换。A区经历了连续多年高速增长，新旧动能转换已成为影响A区经济发展质量的关键变量。2017年全年固定资产投资801154万元，比上年下降45.7%。随着经济下行压力加大，A区经济的结构性矛盾凸显。一方面，传统支柱产业的比重过大。A区的新兴产

业比重低,第二产业特别是重化工业所占比重高。面对国际油价低迷和国内资源环境管控的多重压力,A区经济长期积累的结构性矛盾显现,经济增速换挡、劳动力成本上升、结构调整阵痛、新旧动能转换相互交织,经济下行压力加大。另一方面,新兴产业发展缓慢,产业演进断层,高新技术产业增长缓慢、规模小,无法成为主导力量,难以充分发挥对传统产业的改造、提升作用。高新技术企业数量少、规模小,产品竞争力不强,创新人才短缺。新兴产业的比重在短期内难以替代传统产业,经济增长的后劲不足。当前,亟待加快新旧动能转换,加快发展新兴产业,积极改造提升传统产业,实现"增量崛起"与"存量变革"的协同发展。

第二,充分激发民营企业活力。党的十九大报告指出:"毫不动摇巩固和发展公有制经济,毫不动摇鼓励、支持、引导非公有制经济发展。"市场经济的基本要素是产权及产权保护、自由公平交易、商业信用、风险与收益比例、企业家精神等,企业家精神的根本原因在于营商环境、人文环境。东三省与珠三角、长三角等沿海发达地区相比,民营经济体量偏小,大型民营经济数量较少,创新能力较弱,市场环境、金融环境、创新环境建设有待完善。2017年A区的252户工业企业中,规模以上企业仅61户,年产值超十亿元的企业仅1户。民营企业大多以低附加值的产业为主,资本实力较弱,技术含量较低,市场知名度不高,品牌影响力不强,企业平均规模偏小,产品市场占有率低,抵御风险能力不强。当前,A区经济发展步入全面建成小康社会的关键时期,亟待充分激活民营经济活力。

第三,大力提高城市经济开放度。党的十九大报告指出:"开放带来进步,封闭必然落后。中国开放的大门不会关闭,只会越开越大。"根据商务部数据,2017年全国外资企业以占全国不足3%的企业数量,创造了近1/2的对外贸易、1/4的规模以上工业企业利润、1/5的税收收入。2017年,A区的出口总额22333.56万元,比上年下降48.3%;实际利用外资984.4万美元,比上年下降26.0%。在A区的出口总额中,农产品出口8041.97万元,医药产品出口3559.19万元,化工产品出口3948.52万元,建材产品出口4187.3万元,机电产品出口2597.28万元。出口商品以农产品、服装手套和一些劳动密集型产品为主,高新技术产品占比低,主要依靠科技含量不高、附加值不高的粗放型产品来促进外贸发展。当前,A区在开放型经济和现代服务业方面大有可为,对经济转型发展至关重要。A区外资外贸外经的总量、质量、效益和结构有巨大发展潜力,亟待大力提高经济开放度,推进形成全面开放新格局。

第二节 促进A区全面建成小康社会的经验启示

全面建成小康社会是包括经济建设、政治建设、文化建设、社会建设和生态文明建设在内的"五位一体"的全面发展和全面进步。创新、协调、绿色、开放、共享五者相互依存、相辅相成、相得益彰。当前,必须把握机遇,加快全面建成小康社会进程,相关的经验启示如下:

一、加快发展现代产业集群

结合产业特点和优势条件,加快建立以先进制造业和现代服务业为主导的产业结构,构建特色鲜明、技术先进、节能环保、附加值高的创新型产业集群。加快发展以高端装备、精细化工等高技术产业为支柱的先进制造业集群;积极发展节能环保、新材料、新能源等新兴产业集群;大力发展生态旅游、电子商务、商贸服务、文化创意,构建以"互联网+"为主线的现代服务业集群。

第一,以产业融合为动力加快培育新兴产业集群。推动互联网、大数据、人工智能和实体经济深度融合,在中高端消费、创新引领、绿色低碳、共享经济、现代供应链、人力资本服务等领域培育新增长点,形成新动能。支持传统产业优化升级,加快发展现代服务业,瞄准国际标准提高水平。加大智能绿色制造等产业关键技术推广应用,培育具有核心竞争力的产业集群。重点培育发展新材料、高端装备制造、节能环保、新一代信息技术、互联网、新能源等战略性新兴产业,积极引进一批战略性新兴产业项目。加快推进高端智能制造,谋划储备一批牵动性强的新兴产业项目,努力在产业集群龙头带动项目、产业链建设项目、高新技术重大项目及传统产业升级改造项目等方面取得新进展、新突破。

第二,以智慧农业为引领大力发展现代农业集群。深入实施"互联网+现代农业"行动。推进农业农村大数据发展,利用互联网技术和服务改造搞活传统农业,推广一批节本增效农业物联网应用模式,将农业信息化贯穿于农业生产、经营、管理的各环节,推动农业全产业链改造升级,大力发展数据农业、精准农业、智慧农业。推进农村电商发展,依托淘宝特色中国A馆等电商平台,促进新型农业经营主体、加工流通企业与电商企业全面对接融合;改造升级一批农产品田头批发市场。

第三,以临港经济区建设为契机着力发展先进制造业集群。坚持增量提升与存量优化并举,更加注重供给侧结构性改革,推动产业高端化、智能化、绿色化、集约化发展。组织实施智能制造等重大工程和行动,建立具有国际竞争力的先进制造业。优化供给结构,补齐工业发展短板。巩固优化石化及精细化工业,立足"专、精、特、新",以补齐产品结构短板、拉长产业链条、提升精深加工水平为重点,推进石化及精细化工行业向基地化、大型化、一体化方向发展。做大做强特色装备制造业。

第四,以"互联网+"为主线积极发展现代服务业集群。推动"互联网+"与商贸、房地产、旅游、文化等生活性服务业融合发展。建立覆盖城乡的商贸服务体系,努力打造集物流、批发零售、餐饮休闲、农产品、服装百货为特色的高品质服务聚集区。加大政府在招商、宣传、营销等方面的扶持力度,探索政府与市场主体合力推进涉农电子商务的体制机制,以发展"淘宝镇""淘宝村"为支撑,大力发展与旅游业相配套的文化景点。

二、推动创新型生态城市建设

以深化供给侧结构性改革为主线,用先进数字技术改革提升传统产业,构建创新创业生态更加完善、创新人才大量集聚、自主创新能力显著增强、创新型领军企业和新型研发机构不断涌现、发展活力多元绽放的创新型生态城市。

第一，加快建设生态体系。按照"绿水青山就是金山银山"的新发展理念，打造生态旅游城市，建设国家生态文明先行示范区，加强生态环境综合治理，着力推进绿色循环低碳发展。提供更多优质生态产品，形成节约资源和保护环境的空间格局、产业结构、生产方式、生活方式。改善生态环境质量，从生态空间、生态经济、生态环境、生态生活、生态制度、生态文化六个方面开展生态体系建设。推广"四位一体"生态农业模式等先进农业生产模式，发展绿色有机无公害农业、设施农业和观光农业。建成一批兼具生产、教育示范、休闲观光、展览展示、采摘体验等多种功能的生态农业示范园区。依托各类现代农业生产基地，打造自然村落型、民间艺术型、民族风情型、主题集镇型等农业公园。加强生态养殖示范区建设，促进畜牧业集约化、标准化发展。对标国际通行生态理念和保护标准，强化湿地资源的保护和管理。推动绿色低碳发展，提高全民绿色消费意识，确保完成节能减排指标。发展循环经济，构建区域再生资源回收利用体系。

第二，大力发展生态旅游产业。突出湿地和温泉两大旅游资源特色，加深全域旅游合作，打造新型特色旅游景点。推进旅游景区及项目建设。立足"红滩绿苇"特色旅游资源，创建国家5A级旅游景区，发挥龙头景区带动作用；建设特色小镇，积极推进温泉产业发展，加强民宿私密型疗养温泉泡池集群和温泉管网的建设，加大品牌营销，创国家级温泉旅游度假区。采用"文旅吸引+旅游地产+特色农业"的发展模式，打造复合型高品质田园度假综合体。加强整合区域内及周边旅游资源，带动休闲农业、乡村旅游不断提档升级，引领生态旅游资源一体化联动发展。

第三，促进旅游业与一二三产业融合创新发展。推进"旅游+农业"综合发展，开发休闲农业与乡村旅游，结合现有观光采摘基地建设，完善设施农业基础，探索农产品深加工产业，拉动并盘活民宿产业经济，拓展延伸休闲农业产业链条。推进"旅游+工业"综合发展，以临港经济区、新立小微产业创业园为载体，发展旅游装备制造业，开发"观光工厂"，提升工业项目的旅游增加值和吸引力。推进"旅游+服务业"综合发展，带动服务业快速发展。结合乡村旅游产业，开发慢食产业，加强宣传营销，提升旅游产业整体效益。

第四，加快生态城镇建设。培育宜居宜游宜业特色村镇。按照欧洲农村建设标准，重点实施村镇垃圾处理、污水处理、安全供水、燃气取暖等升级改造工程，打造宜居乡村升级版。大力发展"一村一品"，重点把地方小杂粮、蔬菜瓜果、花卉苗木等小品种和认养农业、休闲农业等新业态做成带动农民增收的大产业。充分调动农民及各类农村新型经营主体积极性，增强自我投入的主体意识。鼓励和引导工商资本、外来资本及其他社会资本投入特色村镇，增强"一村一品"发展动力。优化调整房地产业开发结构，发展以工业地产、商业地产和旅游地产为主，以住宅地产为辅的房地产业。

第五，积极培育新业态和新商业模式。营造良好创新环境，积极推动由技术创新、商业模式创新、新的需求拉动、产业链的细化和融合形成的新业态、新商业模式发展。支持节能环保、高端装备制造等产业成长，大力发展健康、教育、养老、旅游等服务业，培育新的增长点。在市场准入制度、培育市场需求、资金用地支持、引进和培养专业人才、行业协会作用等方面制定灵活应变政策措施，不断提升对新业态、新商业模式的服务管理能力。

三、全面提升城市经济开放度

完善提升城市规划，凸显地方特色，利用国内国外两种资源、两个市场，增强国际交往能力，形成与国际有效接轨的社会人文基础，着力推进全面开放新格局。

第一，构造更加开放的投资环境。营造稳定、有序的经营环境，以提升软硬件环境为重点，切实保护投资者的合法权利和利益，积极开展对外宣传推介、节会招商、项目签约、信息网络、优化环境和跟踪服务等工作，营造"亲商、重商、安商、富商"的良好氛围。着重引进一批关联度大、带动能力强、市场前景好的科技企业,提高制造业的整体水平和质量。加大服务业对外开放力度,培育服务贸易新业态,拓展服务贸易新领域,促进服务贸易集聚发展。强化引进服务业跨国公司,推动商业存在模式的服务贸易发展,大力发展金融、节能环保、医疗、健康、养老等现代服务业,提高利用外资效率和可持续发展能力。

第二,提高招商引智的质量效益。加大招商引资力度,提高引进项目质量。积极引进各种高端技术人才,组织实施重大人才技术引进项目,用产业集聚人才、用人才集聚产业,以智力资本撬动产业资本。改进招商方式,整合梳理规范各类招商政策,完善招商奖励引导机制,注重引进实体型、市场型、潜力型企业。坚持"走出去"与"请进来"、引资与引智并重。面向大国企、大外企、大民企,围绕产业链条确定招商重点区域、重点领域、重点项目,积极承接国内外产业转移。大力开展主题招商、产业集群招商和专业招商,加快出口基地建设。

第三,营造更加开放的创新环境。大力引进新技术、新产品、新业态,加快壮大自主创新主体。引入国内大型研发机构落户,鼓励外资企业设立研究开发机构。强化企业创新主导地位,加快建立技术开发中心,加大研发投入。加强产业链招商,促进合资合作和企业兼并重组,加快与国内外科研院所、重点装备制造企业建立战略合作。优化外贸结构,着力提高一般贸易出口中高新技术产品、具有自主知识产权产品和名牌产品的出口比重,提高出口商品的竞争力和经济效益。

第四,发展开放型临港经济。实施更加积极主动的开发战略,以沿海开发开放为牵动,发展开放型临港经济。推进城市群联动,加快发展临港经济;面向环渤海、京津唐和东北腹地,大力发展休闲旅游业。加快港区功能组合和延伸放大,有效整合物流中转、仓储、分拨、配送、运输,完善港区综合物流功能、国际贸易功能、资源增值功能,建设国际水平的港航服务和现代物流综合服务体系。

四、大力完善企业营商环境

第一,充分激发民营企业活力。促进非公有制经济健康发展。消除对非公有制主体的差别待遇和各种隐性市场壁垒，积极引入非国有资本，鼓励非公有制企业参与国企改制上市、重组整合，做好民营经济服务。鼓励非公有制企业以股权、知识产权等非货币方式扩大投资，加快产权制度创新。激发企业家精神，打造一批具有自主品牌和国际竞争力的骨干企业。依法保护企业家财产权和创新收益。促进非公有制经济大发展。开展民营经济发展改革试点，创新扶持模式与政策，壮大一批民营企业集团，开展私营企业建立现代企业制度示范。放宽民间资本进入的行业和领域，在基础设施、基础产业等领域鼓励社会资本参与，试点民间资本发起设立民营银行等金融机构。鼓励民间资本、外资以及各类新型社会资本，以出资入股等方式参与国有企业改制重组。在城市基础设施建设、环境治理等领域，积极推广政府与社会资本合作机制（PPP）等模式。

第二，积极对接新一轮东北振兴战略，全力做大做强民营经济。加快做大做强民营企业。提倡和支持国企、民企合资合作、兴建新项目、组建新公司，加快混合所有制改革，开拓民间资本、社会资本、各类非公有资本进入基础产业、基础设施、社会公共事业和金融服务等领域的有效途径。转变政府职能，精简行政审批，优化组织流程，加快建立服务型政府。从工商、税务、信贷等方面鼓励和引导民营经济发展，促进其成为履行社会责任、承担社会就业、推动科技进步的主体。

第三，大力优化投资营商环境。健全归属清晰、权责明确、保护严格、流转顺畅的现代产权制度，依法保护民营企业合法权益。推进民营经济发展改革示范工作，健全和完善促进民营经济健康发展的体制机制，优化民营经济发展环境。完善民营企业公共服务平台，增强提供创新创业、人才培训、市场开拓、法律政策等服务的能力。壮大一批主业突出、核心竞争力强的民营企业集团和龙头企业。扶持中小企业发展，合理降低企业税费负担，着力降低制度性交易成本，多措并举降低实体经济企业用工、用地等要素投入成本。

第四，深化国企改革提高国有资本效率。把提高国有资本效率和增强国有企业活力作为全面深化国有企业改革的中心任务。完善国有资产统一监管体系，从管企业为主向管资本为主转变，实施"清单管理"国资监管模式。全面推进并完成全部监管企业规范董事会建设工作，强化监事会监督，建立职业经理人制度，完善长效激励约束机制。重点考核商业类企业经济效益，对公益类企业实行经济效益和社会效益双考核。通过结构调整、重组整合、资本运作、项目投资等手段，推动国有资本优先向重点基础设施、战略性新兴产业和重点产业、优势企业集中，实现国有资本优化布局和保值增值。

第五，加快"互联网+政务"建设。建立健全公共服务信息共享平台，开展"一站式"办公服务，形成"前台统一收件、后台分类审批、统一窗口出件"的工作模式，网上系统受理、办理审批，实现对审批过程网上监察。加快深化"放管服"改革，深化商事制度改革，建立登记疑难问题会商制度，加大商标保护力度，支持新兴广告企业发展。大力发展网上纳税、自助纳税终端，落实各项税收政策，创造宽松便利的税收营商环境。

五、积极贯彻实施乡村振兴战略

第一，构建农业与二三产业交叉融合的现代产业体系。打造以"互联网+认养农业"为特色的多业态复合型的农村一二三产业融合示范园区，促进农业产业内部融合，积极做好以稻米、果蔬种植、水产养殖为特色的农业生产，拓宽高效立体生态综合种养模式。推进农业与加工物流业深度融合，建设功能完备的认养农产品精深加工基地，发展农特产品市场销售体系。深化农业与旅游产业深度融合，以"认养农业+乡村旅游"的农旅双链模式为抓手，积极发展米仓民宿等休闲体验项目，拓宽农业的产业功能。农业与互联网技术深度融合，推进设施农业与信息技术应用，加强电子销售平台建设。农业与其他产业深度融合，探索"认养农业+饮食""认养农业+养老""认养农业+电商""认养农业+文化"等模式的融合发展。

第二，体制机制创新破解"三农"难题。加快推动农村综合性改革、国有农场体制改革等重点领域改革，激发农民创新创业活力，释放农业农村发展新动能。充分调动各类经营主体积极性，加快构建以农户家庭经营为基础、合作与联合为纽带、社会化服务为支撑的现代农业经营体系，大力培育新型经营主体和新型职业农民，发挥其在推广新技术、开拓新市场、打造新业态等方面的引领作用。

第三，打造功能互补特色城镇。发挥特色城镇在加快推进新型城镇化进程中的带动作用，积极引导人口、资源、产业和基础设施向其集聚，增强经济社会发展活力，建设形成产业优势明显、吸纳就业力强、要素集中度高的富有活力的区域核心。发展特色高效农业，提升农业现代化水平，探索新型城镇化与农业现代化良性互动的有效模式和途径。发挥区位优势、资源特色，打造一批农产品深加工、工艺品制造、湿地旅游、商贸物流等特色小镇，构建小城镇与中心城区主辅功能各具特色、错位互补的城乡一体化发展格局。

第四，加快推进美丽乡村建设。加强村域规划管理，保持村庄整体风貌与自然环境相协调。结合水土保持等工程，保护和修复自然景观与田园景观。继续开展民房及院落风貌整治，保护和修复水塘、沟渠等乡村设施，健全完善村庄亮化、乡村美化、生态优化的长效管理机制。发展休闲农业、乡村旅游、文化创意等产业，打造一批体现特色农垦文化，集景观化、游乐化、产业化于一体的美丽乡村。创新投入方式，建立政府主导、村民参与、社会支持的投入机制，鼓励社会资本参与建设，推进农村生态健康可持续发展。

六、全力推进民生保障事业发展

第一，大力推进各项民生工程。启动"健康惠民"工程，让广大人民群众拥有更多的获得感。全面推进国家健康城市创建工作，积累经验和建立标准，先行先试，让群众受益。启动全民健身工程，为市民提供更多休闲健身空间，打造城市健康名片。实施全民参保计划，实现城乡居民养老保险、医疗保险全覆盖。鼓励创新创业，扩大就业渠道。实施公办教育五年提升计划，打造教育产业集群。完善养老服务体系，加快养老产业发展。加强城市公共管理，着重解决群众关心的供水安全、校园安全等问题。畅通群众利益协调、权益保障渠道，提高公共应急处置、社会治理体系建设与创新。

第二，加快城乡公共基础设施建设。完善城乡公交系统，全面启动城乡公交一体化。发挥交通枢纽作用，构建衔接顺畅、功能完善的综合交通运输网络体系。增强公共服务设施和综合服务能力，形成网络化的公共基础设施体系，促进城市管理智能化、公共服务便捷化、社会治理精细化，加强城区与各镇之间的水、电、路等基础设施的共建共享。促进海绵城市发展，规范城市供排水设施规划建设和运营管理。加强智慧城市建设，打造国内领先的信息基础设施。加大旅游基础设施建设，健全区域内旅游标识系统，完善旅游交通系统，加快城区道路和公共停车场建设和提档升级；在旅游景点开展"厕所革命"，增设自助语音导游、导游服务系统；在城区风貌、交通市政、行政办公用品植入地域文化，开发全域旅游视觉识别形象，打造生态旅游集散地。

第三，鼓励创业、促进就业。深化创业型城市建设，健全政策扶持、创业培训、创业服务三位一体的工作机制。加快推进大学生创业园建设，扎实开展"网上创业"进村培训工程，大力扶持小微企业和个体工商户发展。支持发展农民合作社、家庭农场等新型农业经营主体，支持农村转移劳动力开拓创业新渠道。支持各类市场主体创办新企业、开发新产品、开拓新市场。促进大学和市场对接、扶持工业技术转移和培育创新型工业企业。加大支持小微企业创业园等多元化发展的力度，鼓励社会资本参与孵化器建设和运营。积极实施"互联网+"行动计划，培育发展电子商务、供应链物流、现代物流、互联网金融等新兴业态。

第四，大力发展科技服务产业。培育一批充满活力的科技型中小微企业，努力建成研发设计产业园区及研发设计公共服务平台，打造省市级重点实验室，引进科研院所、实验基地以及具有竞争力的科技中介服务机构。围绕软件信息、电子商务、石油化工、机械制造、农业、渔业等重点领域和核心关键技术开展研发，扶持中小企业发展专业化研发服务。建设产业技术创新平台体系，支持企业设立产业创投基金，推进重点企业与科研院所在重点领域的产学研对接和成果示范应用。

第五，推进农业农村现代化。健全农业现代经营网络。加大品牌培养推广力度，积极拓展农产品宣传渠道，把农产品品牌打造成为产业发展的新优势、新亮点。健全农产品质量检测、购销、储备运输、监督预警体系，加强农产品质量安全综合监管信息化建设和仓储设施建设，建立原产地追溯制度，严把农产品质量关。鼓励龙头企业到大中城市设立农产品专卖店、直销店、连锁店等，巩固和提升生态优势和市场优势。加强与知名网站合作，建立健全农产品电子商务平台。

第六，大力发展文化旅游产业。以体制机制创新为重点，扶持文化企业，培育市场主体，加强文化产业发展的政策引导，放宽市场准入，吸引国内外资本进入，把文化产业培育成为新的经济增长点。发挥引导资金的示范导向作用，以建立传统文化产业基地和新兴文化产业基地为重点，培育、吸引一批有影响力的市场主体。壮大新闻出版、创意设计、工艺美术、文化娱乐等产业，大力培育演艺、动漫等新兴文化产业。强化旅游品牌形象，做好"互联网+旅游"大文章，与主流网络运营商合作推广旅游资源，拓宽国内、国际旅游市场，打造国际化旅游品牌。建设红色文化影视基地、婚纱摄影基地、文学作品创作基地，推进村屯文化广场建设，推进"文化旅游和民族民间工艺"发展，培育文化产业品牌。

第七章　全面建成小康社会的政策建议

党的十八大提出了到2020年全面建成小康社会的奋斗目标，这是我们党向人民、向历史作出的庄严承诺。党的十九大重申全面建成小康社会的宏伟目标，即从2018~2020年，是全面建成小康社会决胜期。从党的十九大到党的二十大，是"两个一百年"奋斗目标的历史交汇期。我国既要全面建成小康社会、实现第一个百年奋斗目标，又要乘势而上开启全面建设社会主义现代化国家新征程，向第二个百年奋斗目标进军。所谓决胜全面建成小康社会，就是要举全党全国之力，为实现第一个百年奋斗目标而奋斗，确保如期全面建成小康社会。这个宏伟目标，就是"两个一百年"奋斗目标的第一个百年奋斗目标，也是中华民族伟大复兴征程上的又一座重要里程碑。

习近平总书记在党的十九大报告中提出，要按照党的十六大、十七大、十八大提出的全面建成小康社会各项要求，紧扣我国社会主要矛盾变化，统筹推进经济建设、政治建设、文化建设、社会建设、生态文明建设（五位一体），坚定实施科教兴国战略、人才强国战略、创新驱动发展战略、乡村振兴战略、区域协调发展战略、可持续发展战略、军民融合发展战略，突出抓重点、补短板、强弱项，特别是以新发展理念为主要内容的习近平新时代中国特色社会主义经济思想是当前和今后一个时期我国经济工作、引领中国经济向高质量发展阶段迈进的根本遵循。当前经济工作面临的主要任务是坚决打好防范化解重大风险、精准脱贫、污染防治的攻坚战，使全面建成小康社会得到人民认可、经得起历史检验。

第一节　做好防范化解重大风险、精准脱贫、
　　　　污染防治三大攻坚战

全面建成小康社会是实现社会主义现代化建设第三步战略目标必经的承上启下的发展阶段。决胜全面建成小康社会，每位国民都有自己的责任，增强主人翁意识，要靠人的全面发展。习近平总书记指出，发展必须是遵循经济规律的科学发展，必须是遵循自然规律的可持续发展，必须是遵循社会规律的包容性发展。决胜全面建成小康社会，需要坚持稳中求进的总基调，按照经济社会规律促发展，未来决胜全面建成小康社会任务繁重。如果中国成功避开"中等收入陷阱"，变成以高技术和高附加值产业为主导的开放型经济体，不仅可以全面建成小康社会，还将可能较早地建成社会主义现代化强国。

一、精准脱贫攻坚战要求促进全民共享发展

减贫是个世界性难题。为谁发展，是经济发展理论和实践要解决的基本问题。世界各国政府都必须更加关注公民之间的经济公平，特别是保护最贫穷人口和减少贫困人口。缩小贫富差距不仅是个经济问题，也是个社会问题，两者相互作用和反作用，如果解决不好，就会发生经济危机和社会风险。当前，世界上许多普遍发生的政治风险大都源于没有能够实现包容性增长和经济结构的成功转型。处理好社会公平和经济效率之间的矛盾，迫切需要各国政府通过有利于公平和增长的政策来解决这些根本趋势性问题，同时确保具备必要的宏观经济工具来应付下一轮经济放缓或衰退，如果处理不当就可能造成经济萧条和社会动荡。

"为政之道，以顺民心为本，以厚民生为本。"坚持以人民为中心的发展思想，就是要以人民需要为出发点和归宿，通过发展生产力、增进人民福祉，不断促进人的全面发展，实现全体人民共同富裕。人民拥护不拥护、赞成不赞成、高兴不高兴、答应不答应，过去、现在、将来都是衡量

一切工作得失的根本标准。共享发展理念，充分体现了共同富裕的社会主义本质要求，也是习近平中国特色社会主义经济思想的"以人民为中心发展观"的体现。在发展新阶段提出共享发展理念，就是要在发展中共享、在共享中发展，努力实现改革发展成果全民共享、全面共享、共建共享。按照共享发展理念，经济发展不是为少数人、一部分人服务，经济发展理论也不能为少数人、一部分人服务，而是让改革发展成果更多、更公平惠及全体人民，要为全体人民谋利益，在民生改善中让人民有更多获得感，逐步实现共同富裕。

我国现在已经告别低收入发展阶段，进入中等收入发展阶段，这是我国进入新时代的一个重要特征。国际经验表明，在进入中等收入阶段后，一些国家没有及时转变经济发展方式，就出现了收入差距过大、生态环境破坏等严重问题，最终造成经济社会发展陷入停滞，即所谓的"中等收入陷阱"。而今，我国正面临爬坡过坎阶段，需要采取各种措施避免陷入这一尴尬状态。同时，如果我国精准脱贫攻坚战想取得决定性进展，就必然要求更好地发挥政府作用，坚持共享发展，解决经济发展的不平衡不充分问题，即更加注重解决社会公平正义问题，不断增进人民福祉，增强人民获得感、幸福感，形成世界上人口最多的中等收入群体。

党的十九大确定的现代化方案对共同富裕实现进程也有明确的安排，基本实现社会主义现代化阶段，城乡区域发展差距和居民生活水平差距会显著缩小，全体人民共同富裕迈出坚实步伐；而到全面建成社会主义现代化强国阶段，全体人民共同富裕基本实现。社会主义现代化新征程就是共同富裕逐步实现的过程。促进协调发展就必须补齐短板。为此需要找出短板，解决短板，在补齐短板上用力，通过补齐短板挖掘发展潜力、增强发展后劲。打好精准脱贫攻坚战，是以习近平总书记为核心的党中央作出的重大决策部署，是全面建成小康社会必须打赢打好的硬仗。习近平总书记指出，我们不能一边宣布全面建成了小康社会，另一边还有几千万人口的生活水平处在扶贫标准线以下，这既影响人民群众对全面建成小康社会的满意度，也影响国际社会对我国全面建成小康社会的认可度。习近平总书记多次强调，要清醒认识把握打赢脱贫攻坚战面临任务的艰巨性。从实际情况看，贫困县摘帽的难点主要是深度贫困地区脱贫攻坚，贫困村摘帽的难点主要是培育壮大集体经济，贫困户脱贫的难点主要是发展产业和实现就业。

党中央、国务院继 2015 年出台关于打赢脱贫攻坚战的决定后，2018 年 6 月又出台《关于打赢脱贫攻坚战三年行动的指导意见》，全面贯彻落实党的十九大关于打赢脱贫攻坚战的总体部署，就完善顶层设计、强化政策措施、加强统筹协调等作出新部署、提出新要求，为打赢打好脱贫攻坚战指明了方向、提供了遵循。党的十八大以来，我国深入实施精准扶贫、精准脱贫。2012 年我国有 9899 万贫困人口，到 2017 年底还剩余 3046 万人，五年时间 6853 万贫困人口实现了稳定脱贫，平均每年有 1370 多万人脱贫，贫困发生率从 2012 年的 10.2% 下降到 2017 年底的 3.1% 以下。我国从 1986 年确定了贫困县，到 2012 年底共有 832 个贫困县，2015 年底启动打赢脱贫攻坚战后，2016 年摘帽了 28 个县，首次出现了贫困县总量的减少；2017 年摘帽 120 多个贫困县，贫困县累计减少了 150 多个。这些变化将确保到 2020 年实现中国现行标准下农村贫困人口脱贫的目标，贫困县全部摘帽，解决区域性整体贫困。

二、污染防治攻坚战要求推动生态文明建设

努力补齐生态环境这个全面建成小康社会的突出短板，打好污染防治攻坚战，是党的十九大提出的我国全面建成小康社会决胜阶段的三大战役之一。2017 年底召开的中央经济工作会议确定，打好污染防治攻坚战，要使主要污染物排放总量大幅减少，生态环境质量总体改善，重点是打赢蓝天保卫战，调整产业结构，淘汰落后产能，调整能源结构，加大节能力度和考核，调整运输结构。坚持"绿水青山就是金山银山"是落实新发展理念的价值取向，要以系统工程的思路来抓好生态文明建设，实行最严格的生态环境保护制度，还要在全社会注意营造保护生态环境的良好社会风气。针对重点领域，抓住薄弱环节，明确要求打好蓝天、碧水、净土三大

保卫战，打赢蓝天保卫战，打好柴油货车污染治理、水源地保护、黑臭水体治理、长江保护修复、渤海综合治理、农业农村治理攻坚战等七大标志性重大战役，着力解决一批民众反映强烈的突出生态环境问题。

我国已逐步形成一个包含两个层级的指标体系，其中环境质量指标包括空气、水环境和土壤环境三大类；而落实环境质量目标的重要抓手，便是污染物排放总量控制指标，包括主要污染物和区域性污染物两大类。我国逐渐形成以污染总量控制为目标的防治思路，在实践中取得了非常明显的进展，特别是在污染物排放（控制）标准上，已经初步形成163项标准的体系化成果，仅大气和水污染控制标准就超过139项。在此思路下，我国污染控制和节能减排取得了一定成效。在二氧化碳减排方面，自20世纪70年代以来，我国碳排放持续下降，目前单位GDP的碳排放量已较35年前下降了73%，尽管中国仍占全球温室气体排放总量的近1/4，但中国在调整能源结构、减少碳排放方面是不遗余力的。特别是中国积极支持巴黎协定达成，并提出减排的自主承诺目标。

我国高度重视环境保护和可再生能源发展。2006年以来，环境目标已经被中国政府纳入经济发展规划之中。2017年中国发行了300亿美元绿色债券，占到全球绿色债券总量的近1/5。2017年全球可再生能源技术投资总额较2016年增长3%，达到3350亿美元，仅次于2015年创下的3603亿美元的历史最高纪录，中国对可再生能源技术总投资达到创纪录的1326亿美元，较上年增长24%，而欧洲可再生能源投资同比下降了近26%，中国可再生能源投资增长抵消了日本、德国和英国投资的下降。

环保限产和严格督察确保去产能有序推进。去产能最初以直接行政命令为主，设置具体的关停目标并层层分解，将去产能任务落实到各个地方和企业，然而直接关停难以区分先进和落后、优质和劣质，容易产生政策失调。此后，以环保和安全为标准驱动的去产能成为主要抓手。在行政主导下，2016年钢铁、煤炭行业分别去产能6500万吨和2.9亿吨，大幅超额完成任务。2017年以来，去产能逐步从直接行政命令关停转向利用环保、安全等政策杠杆，依靠强大的政策执行力，令大量非法和落后产能进一步退出。2017年钢铁行业约6000万吨产能被淘汰，1.4亿吨非法地条钢产能出清，煤炭行业退出落后产能约2.5亿吨。截至2017年底，钢铁、煤炭行业累计完成"十三五"去产能目标的83%和68%，产能利用率回升至77.4%和68.2%。在此基础上，去产能向火电、电解铝、水泥、平板玻璃等行业扩围。2017年煤电行业共淘汰、停建、缓建产能6500万千瓦，设备平均利用小时数在2013年后首次回升，500万吨电解铝违规产能被关停。

环保限产不只是限产量也间接去产能。2016~2017年中央环保督察覆盖全国31个省市（区），累计立案处罚2.9万家企业，罚款14.3亿元，拘留1527人。在钢铁行业，18个部级联席会议成员单位组织开展全国范围的地条钢专项督察活动，一年内取缔了1.4亿吨非法产能。在煤炭行业政府严查煤管票，禁止黑煤生产和运输，遏制煤矿超产行为。环保督察和安全检查的大力重拳，叠加环保一票否决制的全面落实，使环保内化为地方政府的执政目标，有效破除地方保护主义，强化执法部门和去产能动机，保障了改革目标的快速实现。为改善空气质量，2017~2018年采暖季，京津冀及周边地区城市针对重污染行业采取了严格的限产和停产措施。钢铁限产50%，电解铝、氧化铝限产30%，水泥、石膏板等建材行业全部停产。限产量本质上也能够实现间接去产能，因为设备重启成本较高，导致部分产能无法复产，以电解铝为例，停产会大大缩短电解槽使用寿命，并且需要3个月才能恢复正常生产，每吨产能的重启成本超过1000元，足以侵蚀掉一半利润。对政策常态化的预期削弱了部分产能的复产意愿，在环保限产常态化预期下，许多小型煤矿和钢厂面临高昂的重启和环保成本会主动选择退出。

坚决打赢蓝天保卫战。实施打赢蓝天保卫战三年作战计划，进一步明显降低细颗粒物PM2.5浓度，明显减少重污染天数，明显改善大气环境质量，明显增强人民的蓝天幸福感。为此，要重点防控PM2.5浓度，重点监测京津冀及周边、长三角和汾渭平原；监测的重点时段是秋冬季和初春；重点行业和领域是钢铁、火电、建材等行业，"散乱污"企业，散煤、柴油货车、扬尘治理等领域，其中重点监测"散乱污"企业综合整治和达标排放，实现产业结构优化；重点推动散煤清洁化替代，实现能源结构优化；重点加强公路转铁路和柴油货车治理，实现运输结构优化；重点开展绿化和扬尘综合整治，实现用地结构优化。

坚决打好碧水保卫战。坚持山水林田湖草系统治理，深入实施新修改的水污染防治法，坚决落实水污染防治行动计划。推动落实长江经济带共抓大保护、不搞大开发，保护好饮用水水源地、整治城市黑臭水体，深入推进集中式饮用水水源保护区划定和规范化建设，打好城市黑臭水体歼灭战。加强江河湖库和近岸海域水生态保护。全面整治农村环境，加强农业面源污染防治。

坚决推进净土保卫战。强化土壤污染风险管控，保障农产品质量和人居环境安全。重点防控治理重金属污染突出区域农用地以及拟开发为居住和商业等公共设施的污染地块，强化固体废物污染防治，尽早实现固体废物基本零进口。提高危险废物处置能力和相关机构规范化运营水平，实施危险废物收集运输处置全过程监管。加快推进垃圾分类处置。

坚决加强生态保护。落实生态保护红线、环境质量底线、资源利用上线和环境准入负面清单硬约束，完成所有省份生态保护红线划定。实施重要生态系统保护和修复重大工程，构建生态廊道和生物多样性保护网络。重点发展壮大环保等战略性新兴产业和现代服务业，推动建立健全绿色低碳循环发展的经济体系。构建和完善政府为主导、企业为主体、社会组织和公众共同参与的环境治理体系，深化山水林田湖草生态保护修复试点工作，建立以国家公园为主体的自然保护地体系，健全管理制度和监管机制，开展好"绿盾"自然保护区监督检查专项行动。倡导简约适度、绿色低碳的生活方式。推进装配式建筑发展，降低建筑垃圾排放。加快绿色、低碳、节能环保技术供给。

三、防范重大风险攻坚战要求应对国内外各种挑战

党的十九大报告提出要坚决打好防范化解重大风险攻坚战，"守住不发生系统性金融风险的底线"被放在了非常突出的位置。当前，我国经济

社会发展面临来自国外的各种不确定性风险，包括美国发起的贸易争端，美联储货币政策收缩，欧元区经济不确定性因素增多，地缘政治风险有所抬头。与此同时，国内风险仍在积累，社会杠杆率仍处于高位，房地产泡沫消化难度较大，地方政府隐性债务存在潜在风险，包括PPP实施中的名股实债，金融机构的表外业务和企业表外债务增加。会计核算和金融监管技术滞后，地方依赖中央政府的道德风险突出。如果我国没有防范好重大风险，可能会对经济发展路径造成一定冲击，对全面建成小康社会的目标造成影响。

坚决防范化解系统性金融风险。把主动防范化解系统性金融风险放在更加重要的位置，科学防范，早识别、早预警、早发现、早处置，着力防范化解重点领域风险，着力完善金融安全防线和风险应急处置机制。在保持宏观经济稳定的前提下，密切监控流动性，营造适度宽松的货币环境，满足去杠杆、去产能以及风险处置中金融机构正常的流动性需求。加强对系统重要性金融机构和跨业经营活动的监管。规范市场行为，强化金融消费者保护。明确地方金融监管机构负责监管地方批准的金融机构和类金融机构，打击本地区非法金融活动，协助中央监管部门履职，真正实现金融监管全覆盖。综合考虑国家金融安全和经济效率的需要，调整国有控股的范围和比例。强化对股东特别是主要股东行为的监管，引导股东建立长期投资意识。适度扩大人民银行等征信体系的收集和使用范围，将小额贷款公司、P2P平台借贷等民间借贷信息纳入征信体系，建立分层次、多维度的征信数据，提高对征信数据的再加工水平。完善资产登记（公示）制度，建立全国范围统一的租赁物、信贷资产、非标金融资产等的登记和公示系统。打破债券市场刚性兑付预期，通过市场行为提升经营主体和个人的风险意识。

坚决防范去产能引发的债务风险。防范化解实体部门风险，重点要推进国有企业改革，加快处置企业债务。强化环保去产能要依赖市场化、法治化手段，实现优胜劣汰。推动总量配额限制下的碳排放权交易，借鉴新能源汽车的双积分制政策，建立可交易的污染和能耗积分制度，对积分不足的企业实施停产限产等惩罚。利用环保税等调节杠杆，引导企业在生产经营过程中治理污染减少排放，通过提高污染和低质产品的使用成本反作用于上游生产端。优化激励机制，兼顾行动主体积极性和改革持续性。深化国企改革，以市场化法治化债转股等方式推动国有企业主动去杠杆，积极推进企业兼并重组，推进形成过剩产能市场化退出机制，依法依规对僵尸企业实施破产清算，切实有效降低企业债务水平。扩大不良资产证券化试点范围，提升不良资产处置效率；加快剥离国有企业办社会职能，减轻企业负担，破除去产能障碍。坚决处置僵尸企业，杜绝滥用兼并重组或债转股等手段续命，完善和细化退出机制，严格依照司法程序实施破产清算或破产重整，防止债务风险继续累积。

积极稳妥处置房地产和地方政府债务风险。坚持"房子是用来住的"基准定位，释放正确有力的调控信号，引导社会预期回归理性。加快探索农村集体经营性建设用地入市，逐步降低居民部门杠杆率。完善金融机构应对房价回落的压力测试机制，做好应对不同风险情境下的政策预案。深化财税体制改革、理顺中央与地方关系，进一步完善分税制，改革转移支付制度，大幅减少专项转移支付，增加一般转移支付；按"堵后门""开前门"的原则，加强地方政府债务的法制化管理，推进债务信息公开，实行全口径、各层级、全过程的信息透明，接受上级政府、同级人大、金融机构和全社会监督。将地方政府性债务全口径纳入预算管理，严格控制下级政府举债上限，对各级政府债务风险进行动态监管；全面清理地方政府融资担保，推动融资平台市场化经营，严禁政府以借贷资金出资设立各类投资基金，利用 PPP 等方式违法违规变相举债，不得承诺回购社会资本方的投资本金和最低收益，从体制改革上解决地方政府债务风险。

第二节　加大政策支持决胜全面建成小康社会

我国经济社会发展中存在的一些突出问题，是影响如期实现全面建成小康社会目标的重要因素。到 2020 年，要实现全面建成小康社会的目标，必须坚持全面深化改革，加大结构性改革力度，必须坚持科学发展，提高发展的协调性和平衡性，通过着力转方式解决发展质量和效益问题，通过着力补短板解决发展不平衡问题，通过深化财税体制改革、国有企业改革、收入分配体制改革等，解决公平问题和收入差距过大问题，增加经济发展的活力和创新推动力，切实保障社会的公平正义，实现国家治理能力的现代化，努力实现全面建成小康社会奋斗目标，实现更高质量、更有效率、更加公平、更可持续的发展。

一、统筹区域协调发展战略促进东中西平衡发展

过去很长一段时间，我国区域发展主要是通过沿海开放，让沿海先富起来，然后带动中西部地区发展。随着沿海先富这一目标的实现，国家区域发展战略亟须着重解决中西部发展滞后问题，即应把发展的重点放在促进中西部地区发展上，稳步提高中西部地区就业、教育、文化体育、社保、医疗、住房等基本公共服务均等化水平，增加劳动年龄人口受教育年限，缩小区域城乡收入差距，提升中等收入人口比重，形成东中西区域平衡发展格局。

1. 推动区域发展战略有效实施

以"三大战略"为引领，核心在于促进一体联动、推进重点突破。京津冀协同发展要以疏解北京非首都功能为重点，继续以交通、生态、产业为重点，扎实推动一批重大规划政策、重点工程项目、重要改革事项落地见效；保持合理的职业结构，如高起点、高质量编制好雄安新区规划。推进长江经济带发展要以生态优先、绿色发展为引领，以共抓大保护、不搞大开发为导向，继续抓好重点问题整治和水环境治理等重大工程建设，稳步推进综合立体交通走廊建设。要围绕"一带一路"建设，创新企业对外投资方式，以落实"一带一路"国际合作高峰论坛成果为牵引，加快推进"五通"重大项目建设，以投资带动贸易发展、产业发展。

2. 提高区域基础设施通达程度

补短板是深化供给侧结构性改革的重点任务，要加大基础设施领域补

短板的力度。协同推进交通、能源、水利、信息等跨区域重大基础设施建设，推动形成布局合理、功能完善、衔接紧密、保障有力的现代化基础设施网络体系。加快提高东中西区域基础设施通达程度，打破行政区划界限和壁垒，重点实现基础设施共建共享，大规模推进高速铁路网和通信网的建设，建设内外通道和区域性枢纽，完善基础设施网络，着力构建现代化交通网络系统，把交通一体化作为先行领域，加快构建快速、便捷、高效、安全、大容量、低成本的互联互通综合交通网络。加强生态环境保护联防联治。将共同改善区域生态环境联合整治放在突出重要位置，重点开展生态屏障建设、大气污染防治、江河湖海环境综合整治等工作，共同创建天蓝水净、人与自然和谐相融的美好家园。

3. 促进基本公共服务均等化

一是确保幼有所育、学有所教。针对人民群众关心的问题精准施策，着力解决中小学生课外负担重等突出问题，解决好婴幼儿照护和儿童早期教育服务问题。

二是保证老有所养、病有所医。改革完善基本养老保险制度，加快实现养老保险全国统筹。继续解决好"看病难、看病贵"问题，鼓励社会资金进入养老、医疗等领域。

三是确保言而有信、劳有所得。着力解决网上虚假信息诈骗、倒卖个人信息等突出问题。做好民生工作，突出问题导向，尽力而为、量力而行，找准突出问题及其症结所在，周密谋划、用心操作。

四是保障住有所居、弱有所扶。加快建立多主体供应、多渠道保障、租购并举的住房制度。坚持"房子是用来住的、不是用来炒的"基准定位，保持房地产市场调控政策连续性和稳定性，分清中央和地方事权，实行因城施策，差别化调控，积极发展住房租赁市场特别是长期租赁，保护租赁利益相关方合法权益，支持专业化、机构化住房租赁企业发展。

4. 推进大中小城市群协调发展

党的十九大提出："以城市群为主体，构建大中小城市和中小城镇协调发展的城市格局。"当前在城市特别是一些大城市，经济社会发展不平衡，公共资源配置不充分的矛盾，主要表现为交通拥堵、环境恶化、住房紧张、就业困难。

一是加快东中西城市群发展。按照国家"十三五"规划纲要要求，优化提升东部地区城市群，建设京津冀、长三角、珠三角（粤港澳大湾区）世界级城市群，提升山东半岛、海峡西岸城市群开放竞争水平。培育中西部地区城市群，发展壮大东北地区、中原地区、长江中游、成渝地区、关中平原城市群，规划引导北部湾、山西中部、呼包鄂榆、黔中、滇中、兰州—西宁、宁夏沿黄、天山北坡城市群发展。

二是提高大中小城市群发展质量。《国家新型城镇化规划（2014~2020年）》提出，促进各类城市协调发展，要优化城镇规模结构，增强中心城市辐射带动功能，加快发展中小城市，有重点地发展小城镇，促进大中小城市和小城镇协调发展。促进大中小城市协调有序发展，要加快打破行政区划边界，推进大中小城市网络化建设，增强对农业转移人口的吸引力和承载力，引导特色小镇健康发展，构建大中小城市协调发展的城市网络体系，使城市群内不同城市之间更多依靠经济纽带形成连片发展格局。

5. 补齐老少边穷地区的短板

老少边穷地区发展滞后是区域协调发展的难点和重点。实施区域协调发展重点要补齐短板，加大力度支持老少边穷地区加快发展。补齐区域短板，要采取非常规手段、超常态政策，瞄准重点区域、重点人群、重点领域，着力补短板、强弱项，促进老少边穷地区提升自我发展能力。

一是坚决打赢脱贫攻坚战。重点攻克深度贫困地区脱贫任务，实施《加大深度贫困地区支持力度推动解决区域性整体贫困行动方案（2018~2020年）》。启动实施生态搬迁试点相关工作。对易地扶贫搬迁开展拉网式全覆盖巡查，2018年再完成280万人左右易地扶贫搬迁建设任务。

二是振兴革命老区。切实推动赣闽粤、陕甘宁、左右江、大别山、川陕5个跨省区重点革命老区振兴发展规划落地，完善国家层面和省级工作机制。

三是促进民族地区稳定发展，协调推动落实中央支持新疆、西藏和四川藏区经济社会发展政策措施，研究深化支持新疆纺织服装业等劳动密集型行业的政策措施，支持西藏开展高海拔等特殊区域农牧民搬迁。加大对边疆地区支持力度。落实中办、国办《关于加大边民支持力度促进守边固边的指导意见》，启动实施守边固边工程。

二、加快缩小城乡区域居民收入差距

控制城乡区域居民收入差距扩大趋势，着力实现就业和发展机会公平，加大对普通劳动者和低收入群体在技能培训等方面的扶持力度，规范国有企事业单位的选人用人机制，保障人人都获得公平的发展机会。建立健全低保标准的动态调整机制，在保障家庭基本生活的同时，兼顾就业激励目标。

1. 推进居民收入分配改革目标由强调增收转向同步提高

党的十八大以来，以"提低、扩中、调高"为主线的收入分配制度改革稳步推进，居民收入增速持续提高。党的十九大报告提出，完善收入分配制度的目标，由"千方百计增加居民收入"转向"提高居民收入水平"，提高居民收入水平的目标用两个"同步"来表述，即"坚持在经济增长的同时实现居民收入同步增长、在劳动生产率提高的同时实现劳动报酬同步提高"。相比而言，党的十九大报告不再强调"规范收入分配秩序"，而是突出"扩大中等收入群体"，也不再简单地侧重于"多渠道增加居民财产性收入"，而是更强调劳动收入和政府再次分配的调节作用，即"拓宽居民劳动收入和财产性收入渠道，履行好政府再分配调节职能，缩小收入分配差距"。2018年政府工作报告提出的预期目标是居民收入增长和经济增长基本同步。为此提出要稳步提高居民收入水平，鼓励人民群众通过劳动增加收入、迈向富裕。

2. 坚持就业优先战略和积极就业政策

当前来看，稳住来之不易的就业形势，实现城镇新增就业和调查失业率既定目标，仍需要进一步做好促进就业工作，发挥就业优先政策的效力，尊重市场自主性，同时在结构调整中优化就业结构，做好重点群体的就业保障工作，推动实现更高质量和更充分就业。

一是应打好政策组合拳，积极创造就业空间。发挥好政策的导向和调控作用，应积极运用财政、货币、税收、产业等方面政策，围绕就业促进、创业引领、基层成长等方面继续稳定和扩大就业，包括促进企事业单位规范招聘流程，鼓励企业开展跨界投资，扩大就业空间，激发市场的活力。此外，制定财税、金融、产业等重大经济政策时，要综合评价对就业的传导影响，切实贯彻落实就业优先战略和积极就业政策。

二是应破除就业歧视，营造公平竞争的就业环境。针对当前就业市场存在的地域歧视、性别歧视、身份歧视、学历歧视等问题，政府要逐个击破，将国家的公平就业政策落到实处。特别是要破除城乡歧视和户籍歧视，应禁止各城市以拆除违章建筑或清理无证经营为理由关停沿街商铺杜绝大多数就业门路，禁止大城市以建设文明城市和消防安全为由，驱逐包括农民工在内的各类中低收入群体，造成其流离失所和无所适从。

三是健全就业优先和积极就业政策的公共服务体系。建设人力资源信息库、企业用工信息库，并加快推进两个就业信息服务平台的对接。要根据劳动力市场的供求实际，及时调整人力资源的教育培训计划，尽量缓解结构性失业。支持各类组织完善劳动力市场信息发布系统。通过及时发布各类就业信息，为劳动者就业牵线搭桥。建设就业公共咨询机构，积极提供就业登记、职业指导和就业咨询等服务。简化劳动者求职手续，推动建立入职定点体检和结果互认机制。

3. 积极开展职业技能培训和扶贫帮扶

一是应强化开展职业技能培训，积累劳动者的素质红利。要适应新常态下经济发展的新需求，强化职业技能培训教育，提高劳动者的综合素质。制订和实施专门的经济转型升级职业技能培训计划，开展大规模职业技能培训。通过实施专门的培训计划，动员社会资源，强化长周期技能培训，提高劳动者的技能水平、创业能力和从事新职业的能力，使其适应新经济、新业态、新动能发展的需要。

二是应积极推进扶贫帮扶，促进贫困人口充分高质量就业。推进职业培训对新生代农民工的全覆盖。对离校未就业高校毕业生实施精准帮扶，对特殊困难毕业生加大就业援助力度。加大残疾人、贫困人口就业帮扶，确保零就业家庭实现就业。

三是健全失业人员再就业的培训机制。各地可根据自身条件和需求，免费为失业劳动者提供再就业培训，鼓励和支持各类人力资源服务机构、职业培训机构针对去产能下岗失业人员开展职业介绍、职业培训等再就业服务，提高就业困难群体的就业和创业能力，给予培训机构或就业困难群体适当补贴，提高下岗分流职工再就业的成功率。

四是加大政策支持力度，鼓励去产能企业转产转业，带动下岗分流职工从事新产业。鼓励企业和行业协会开办职业技术教育，增强职业教育的实用性，提高人才供需结构的匹配度。对于积极吸纳去产能受影响职工的企业，中央财政在现有奖补资金的基础上，适当增加奖补资金额度，并扩大奖补资金的行业企业适用范围，加大给予吸纳就业补贴的力度。

4. 鼓励创新创业来实现更充分的就业

一是支持发挥地方和高校的能动性，引导社会资本投入，设立高校毕业生就业创业基金。鼓励地方推行创新人才引进制度，包括对符合条件的高校毕业生、就业困难人员创业给予安家补贴。

二是鼓励高校毕业生到艰苦边远地区、老工业基地、国家级贫困县开展创新创业。对到基层开展创业吸纳贫困家庭劳动力并稳定就业1年以上的高校毕业生可给予奖补。

三是支持吸引留学回国人员创业创新。支持各地政府设立创新创业引导资金，鼓励留学归国人员以知识产权等入股创办企业。

四是支持包括农民工在内的全民返乡创业。支持和引导地方加强创业担保贷款扶持，给予符合条件的小微企业或创业人员个人创业全额贴息担保贷款；对城市居民返乡创业的投资资金免征企业所得税和个人所得税，促进社会资金、项目、技术、人才等要素向县城、集镇和乡村转移，集聚县域经济发展新动能。

5. 完善失业救济和低保托底安置制度

一是健全失业援助的政策体系。要加大失业保险政策执行力度，并扩大失业保险的覆盖面。要建立和完善失业预警及失业监测机制。

二是健全失业人员的社会保障制度。各地应根据自身条件，适当提高失业人员的基本生活保障、失业保险和生活补助标准，完善养老保险、医疗保险等制度，缓解失业人员生活困境，积极维护社会公平。

三是解决历史原因造成的职工退休年龄差异问题。配合国家对退休养老制度的调整及适时出台渐进式延迟退休年龄等政策措施，加强对企业内部职工不同退休年龄的界定，更合理地解决不同年龄退休职工的待遇差异问题，特别是在同工同酬的情况下，解决历史原因造成的女干部与女工人退休年龄差异问题。

6. 做好劳动报酬分配和农民增收工作

一是探索制定促进社会公平的收入分配制度。发挥初次分配、二次分配机制的调节作用，避免贫富差距进一步拉大。加快推进创新创业，让更多的人通过聪明才智和辛勤劳动致富，畅通社会纵向流动渠道，破除社会"官本位"的寻租思想，努力让勤劳致富成为社会风尚。积极落实"同工同酬"待遇制度，严格抑制投机者或者投机性实现"一夜暴富"的行为，消除这类事件带来的负面影响，坚决打击通过寻租、诈骗、合谋等方式获取非法收入。增加畅通居民个人的多元化投资渠道，严厉遏制炒房和推进租售同权，强化私人财产（包括房屋及其他不动产、知识产权、股权等）保护，真正扩大中等收入群体。

二是加快推进各类促进农民增收的政策落地。加大财政、金融等各方面对规模化、有效益的农业经营主体的支持力度，重点发挥政策集中的优势，真正为农业经营主体带来经济效益的改善和劳动生产率的提高。加大农村基础设施建设，实现城乡道路和信息的通畅，构建城乡物流配送体系，以"授之以渔"的方式增加农民收入。引导农村租赁关系的发展，形成农户承包权、住房等的租赁市场，支持农民通过出租产权获得收益。

三是多措并举促进劳动生产率和劳动报酬同步提高。根据党的十九大报告提出的新要求,在提高劳动生产率的同时,同步提高劳动报酬。就业质量的提高依赖于劳动生产率的提升,而劳动生产率的提升将会反作用于就业质量,即在大幅度提高劳动者价值创造能力的同时,要提高劳动者的获得感,在增强就业培训制度等措施时,还要提高劳动报酬分配的合理性。加快落实《关于实行以增加知识价值为导向分配政策的若干意见》,充分发挥收入分配政策的激励导向作用和市场机制作用,稳定提高基本工资、加大绩效工资分配激励力度、落实科技成果转化奖励措施,扩大科研机构、高校收入分配自主权等。

7. 完善专业技能人才收入分配激励保障机制

一是完善专业资格认证制度。建议严格按照实际专业技能水平设置资格认证的标准,引导企事业单位参照资格认证标准设立技术岗位,将其作为专业技能人才薪酬及福利待遇考核认定的基准。

二是完善专业技能人才培养与使用激励机制。在促进专业技能水平提高的基础上,改善专业技能人才的工作环境,提升专业技能人才的收入水平和社会地位,鼓励专业技能人才热衷一线工作,并从中追求职业满足感和受尊重感。以全科医生为例,2011年7月国务院发布《关于建立全科医生制度的指导意见》,2017年,党的十九大报告中提出"加强基层医疗卫生服务体系和全科医生队伍建设"。2018年1月国务院办公厅发布《关于改革完善全科医生培养与使用激励机制的意见》。建议参照全科医生的培养与使用激励机制,对数控程序员、机电技工、烹饪技工、花卉园艺师、高级翻译等专业技能人才,制定相应的培养与使用激励机制。

三是完善专业技能人才的权益保障机制。加强对专业技能人才知识产权和劳动权益的保护,健全"五险一金"等保障体系,降低包括医生、教师、环卫工人等特殊职业的工作强度,谨防"职业病""过劳死"等现象发生。

三、有序推进以人为中心的新型城镇化战略

经验表明，城镇化水平是国家发达程度的标志性指标之一，任何一个国家都不可能在较低的城镇化水平上实现现代化。城镇化是一个长期的自然历史过程。在这个过程中，既有人口从农村向城镇迁移的正向城镇化，也不可避免地有农民工返乡等逆城镇化。过去很多年，我国城镇化速度很快，劳动力从农村农业中转移出来并向城镇迁移，但我国的户籍制度改革相对滞缓，造成人口城镇化和户籍城镇化并没有实现同步。换句话说，城镇人口城镇化率与户籍人口城镇化率之间形成一个缺口，2017 年前者为 58.5%，后者为 42.4%。转移到城镇的人口逐渐积累从而形成净增量，也体现和反映了城镇化的经济功能或效率含义，即劳动力从生产率较低的地区（农村）向生产率更高的地区（城镇）转移过程（是一个不断提高劳动生产率的"库兹涅茨过程"）①。在此情形下，有必要推进以人为本的新型城镇化，以便最大程度释放农民工市民化的需求，促进农民工市民化，也能提高城市现代化的水平。

1. 坚持以人为中心的城镇化

加快户籍制度改革，逐步放松城市户籍管制，积极创造条件，促进有能力在城镇稳定就业和生活的农业转移人口举家进城落户，促进农业转移人口市民化，化农民工为"完全市民"。优先解决农村学生升学和参军进入城镇的人口、在城镇就业居住 5 年以上且举家迁徙的农业转移人口、新生代农民工落户问题。开辟常住人口市民化的新渠道。逐步推广专业技术职称、技能等级等同大城市落户挂钩的做法。推进居住证制度覆盖全部未落户的城镇常住人口，保障居住证持有人在居住地享有义务教育、就业、公共卫生等基本公共服务，与城镇居民享有同等权利、履行同等义务；鼓励各级政府不断扩大对居住证持有人提供的公共服务范围并提高服务标准，缩小其同城镇户籍人口的待遇差距。深入推进新型城镇化综合试点，

---

① 蔡昉. 如何让新型城镇化走得更远[N]. 学习时报, 2018-04-27.

努力保证城市现代化过程中"老市民"不失落、"新市民"无抱怨。

2. 加快城市建设管理现代化

新型城镇化建设要增强城市布局的合理性，提升城市的通透性和微循环能力；按现代化的规律建设城市，抓住管理和服务这两个重点，改变粗放管理方式，防止"摊大饼"式的扩张，推动形成绿色低碳的生产生活方式和城市建设运营模式；提高城市现代化水平，树立"精明增长"和"紧凑城市"理念，科学划定城市开发边界，推动城市发展由外延扩张向内涵提升转变，提高城市对人口的容量和城市经营的效率；创新城市治理方式，尤其要注意加强城市精细化管理；注重提高市民文明素质，鼓励企业、社会组织和市民通过各种方式参与城市建设与管理，真正实现城市共管共治、共建共享，让市民在城市生活得更方便、更舒心、更美好。

3. 高效治理各种"城市病"

在城市规划和建设中，应从治理"规划病"入手治理"城市病"，防止"城市病"全面蔓延，加快解决环境污染、交通拥堵、房价高企、资源短缺、应急和公共服务滞后等多种综合病症。比如，大城市在经济发展的同时社会发展相对滞后，特别是学前教育、义务教育还跟不上经济发展的步伐。据统计，2018年深圳学位持续紧张，预估学位缺口已超5.58万，以龙岗区为例，虽然将新增义务教育公办学位1.5万个以上，但仍分别存在小一19600个、初一5500个缺口。基于此，要吸取国际大城市治理的经验教训，优化城市整体布局，在做好城市建筑管理的同时，还要设计好地下综合管廊，重点以人为本，加快改善人居环境，主动以"棚户区改造工程"为基础，实施老旧城市更新升级规划，深化城镇住房制度改革，完善住房保障体系，加快城镇棚户区和危房改造，加快老旧小区改造；重新规划和整治城市基础设施，优化城市空间布局，加强城市地下管网建设，完善饮用水、生活垃圾处理、污水处理等系统，提高城市的综合承载力。

四、加快推进乡村振兴战略,建设美丽富裕新农村

2017年中央农村工作会议强调,走中国特色社会主义乡村振兴道路,必须重塑城乡关系,推动新型工业化、信息化、城镇化、农业现代化同步发展,走城乡融合发展之路。习近平总书记强调指出:城镇化进程中农村也不能衰落,要相得益彰,相辅相成。无论处于什么样的发展阶段,农业农村农民问题始终是关系国计民生的根本性问题,必须始终把解决好"三农"问题作为今后工作的重中之重。乡村振兴、农业发展、农民富裕是实现高质量经济发展的必然要求。

1. 从根本上改变农业落后的生产方式和经营方式

当前,在很多农村地区,农业生产方式和经营方式都比较落后,个体农业几乎不赚钱,农业用地很多都被撂荒,迫切需要促进农业现代化发展,提高农业生产效率和效益。我国的农业发展必须由农产品"数量剩余"范式转向"品质和附加值"范式,转变的关键在于推进农业生产的科技进步,提高农业生产的科技含量。中央和省级财政正在加大对农业农村的财政转移支付力度,保障农村基础设施建设和公益支出。为了推进农业现代化,各级政府都在推进农业供给侧结构性改革,坚持质量兴农、绿色兴农,农业政策从增产导向转向提质导向。深化粮食收储制度改革,让收储价格更好反映市场供求,扩大轮作休耕制度试点。推动农村一二三产业的融合发展,发展农村的新产业、新业态,包括推进乡村网购、电商、乡村旅游、乡村养老、健康养生等发展,让农村在耕地之外能为农民创造更多的就业机会,获得稳定的经营性收入或工资性收入。

2. 深化农村土地制度改革,拓展农民致富新途径

土地制度既是国家的基础性制度,也是"三农"问题的根本之所在。从现实情况看,仅仅依靠土地使用权证的转移,既不可能增加农民生产经营收入,也不可能增加农民转包土地(租金)收入。为了增加农民的财产性收入,坚持土地集体所有制不变,坚守18亿亩耕地红线不变,坚持农民利益不受损的"三条底线",亟待加快推进农村三权分置的土地制度改革,

增加农民获取资金渠道，推进制定农村农民房产抵押、项目评估专项贷款、农民信用担保贷款等政策。这样做既稳定了农村基本土地制度，又通过土地经营权的流转改革农业经营制度，推动农业适度规模经营。

3. 发展壮大集体经济

发挥农村基层自治组织的作用，落实所有权、承包权与经营权"三权分置"政策和发展壮大集体经济，重点引导农民规模化和集约化生产经营，鼓励支持创办各种类型和性质各异的家庭农场、农业龙头企业与股份合作制农业社，支持将承包土地流转由村级集体组织生产经营，允许村级集体自主选择符合各自实际的具体土地经营方式，使有限的土地资源得以有效和合理配置，切实解决农村"土地抛荒"问题。

4. 健全城乡融合发展体制机制

通过科学制定乡村振兴战略规划，由县级统筹制定乡村规划，与城镇规划相衔接，推动基础设施、公共服务全面覆盖农村，并突出农业生产、农村居住、生态环境保护和农耕文明传承等功能。完善城乡融合发展体制机制，创新农业服务体系，整合科技、金融、市场等方面资源，清除阻碍要素下乡各种障碍，推动公共服务资源覆盖农村，出台优惠政策，改善基层医疗、养老、教育等公共服务条件，打造城乡联动的农村生活服务网络，提高农民组织化程度，发挥新乡贤作用，促进乡村振兴。

五、着重防范进入中等收入陷阱风险

改革开放40年以来，中国经济社会发展积累了不少突出的矛盾，发展面临的深层次问题是人民群众的需要由数量需要转向质量需要，同时"未富先老"的问题比较突出，特别是农村人口老龄化严重，中等收入群体面临消费降级和难以稳定的困境。除此之外，随着经济下行压力加大，经济社会发展中的各种风险到了集中显露的关键时期。中国当前面临的风险既包括国际政治经济秩序变化带来的各种风险，也包括国内政治经济形势、意识形态等各种社会风险。社会矛盾不容低估，风险要高度关注。倘若这一时期发生不可预见的重大经济社会风险，国家安全就可能面临重大威胁,全面建成小康社会的进程就可能被迫中断。

1. 加强风险识别预警、防控的意识和能力

把风险防范摆在三大攻坚战首位,主要是要强调革命尚未成功仍不能掉以轻心,谨防掉入各种陷阱风险。着力增强风险防控意识和能力,力争不出现重大风险或在出现重大风险时扛得住,需要加强对各种风险源的调查研判,加强对各类风险的评估,建立风险预警机制。要制定系统的防范和化解风险的实施方案,明确每个阶段风险管理的重点,提高动态监测、实时预警能力,推进风险防控工作科学化、精细化。对各种可能的风险及其原因都要心中有数、对症下药、综合施策,出手及时有力,力争把风险化解在源头,不因恶小而为之,不因善小而不为,杜绝个体或局部风险蔓延演化成综合或全局风险。

2. 守住不发生系统性金融风险的底线

从国际经验看,一些东亚国家、中东欧国家和拉美国家在经济转型过程中都曾发生过严重的金融危机,倘若危机处置不当,不仅会造成经济转型受阻,而且会陷入中等收入陷阱。为此,要坚持问题导向、底线思维,防患于萌发之时,充分估计最坏的可能性;把握转型期风险形成机理和传导机制,根据不同阶段风险集聚的特点,明确风险防控的重点任务。把防范化解金融风险和服务实体经济更好结合起来,坚定做好去杠杆工作,把握好力度和节奏,协调好各项政策出台时机。要通过机制创新,提高金融服务实体经济的能力和意愿。通过加快提高劳动生产率和全要素生产率,扭转实体部门杠杆率过高、全要素生产率下降、产业升级迟滞和竞争力不强等局面。下决心解决好房地产市场问题,坚持因城施策,促进供求平衡,合理引导预期,整治市场秩序,坚决遏制房价上涨。加快建立促进房地产市场平稳健康发展长效机制,切实把化解房地产泡沫放在十分重要的位置上。

六、强化国际宏观协调,维护良好外部环境

我国当前面临的很多挑战和问题,世界上其他国家也同样会遭遇。比

如，国际金融危机向全球蔓延，很多国家和地区都成为受害者。当前，主要国家加快去杠杆、去债务的进程，全球需求增长和贸易增长呈现乏力，各类保护主义抬头，贸易摩擦大幅增多。我国利用国际市场扩张增加出口的条件发生深刻变化，必须更加努力稳定和营造良好的外部环境，并为国内的创新发展创造新的市场空间。

1. 维护基于规则的多边贸易体系

我们应充分认识到，在共同关注的贸易保护问题上，继续推进多边合作至关重要。抵御贸易保护主义威胁，本国行动不足以解决问题，还应依赖更多国家和地区的共同参与。

一是加强维护基于规则的多边贸易体系。积极落实 WTO《贸易便利化协议》，推进多哈回合剩余议题谈判。继续推进中美、中欧 BIT 和中国加入政府采购协定谈判，维持基于规则的多边贸易体系，减轻过度全球失衡，促使国际贸易规则公平公正，不受制于任何霸权主义。积极同"一带一路"沿线国家商签自由贸易协定，建设自由贸易区网络。

二是以开放合作促改革创新。我国在应对外部挑战时，应充分认识到开放合作的重要性，不能因噎废食，而应在共同关注的问题上，开展多边合作，促成全球行动。

三是要努力创造良好的外部发展环境。通过相互扩大投资准入和市场准入加强共赢机制建设，改善同发达经济体之间的贸易投资环境。

四是积极参与全球经济治理体系改革。加强与世界各国的经贸关系和政治互信，通过平等协商、合作对话，制定具有约束力的国际规则。提高 G20 在全球治理机制改革中的作用，增强我国在国际事务中的话语权。积极参与全球经济治理，在更多领域承担更多责任，保护和扩大我国发展利益。

2. 加大国际宏观政策协调力度

加强国际宏观经济政策协调，重点在金融稳定政策、国际税收政策、气候变化政策等领域开展国际合作，提高 G20 在全球治理机制改革中的作用，增强我国在国际事务中的话语权，进一步加强与主要大国的经济贸易联系,加强在国际事务特别是提供公共产品上的合作,增强我国议题创设能力。

3. 共同抵御非传统安全威胁

非传统安全所涉及的议题非常庞杂,包括恐怖主义、经济安全、金融安全、生态环境安全、疾病蔓延、信息安全等。为应对各种非传统安全,需要增强共同安全、合作安全和综合安全意识,团结一切可以团结的力量,积极扩大合作领域、加强沟通交流和信息共享、形成命运共同体,推动建立符合世界各国共同利益需求的国际安全新秩序;树立正确的网络安全观,加快构建关键信息基础设施安全保障体系,全天候、全方位感知网络安全态势,增强网络安全防御能力和威慑能力,对恐怖主义、分裂主义、极端主义这"三股势力",加强国家和地区合作,加大打击力度,共同抵御网络和其他恐怖主义威胁。

4. 加强国际反腐败全球行动

在很多国家,腐败现象削弱了对政府的信任,控制腐败也需要真正的全球行动。要贯彻履行APEC《北京反腐败宣言》《二十国集团反腐败追逃追赃高级原则》等国际规则,加大反腐败立法力度,强化法律实效性,巩固反腐败效果,以建设性态度积极参与反腐败全球治理,推进共同调查和起诉腐败犯罪、追缴腐败所得、拒绝腐败分子入境、拒绝成为腐败分子避风港、加强国际合作等。

5. 推动国际移民合理合法化

最近,国际移民压力再度加剧,显著破坏了政治稳定。如果不采取合作行动,改善国际安全局势,支持可持续发展目标,应对气候变化及其影响,那么就无法避免移民压力。为此,应有序推进《移民问题全球契约》制定实施,结合本国国情,做好2030年可持续发展议程涉移民领域目标的落实工作,应对被动移民问题标本兼治,应坚持和平解决争端,综合施策完善全球移民治理,支持国际移民组织在全球移民事务中发挥更大的领导和协调作用,移民来源国、过境国和目的国应承担起各自责任,既要保障合法有序的移民渠道，又要携手打击偷渡、人口贩运等行为。

七、加强污染防治和生态环保，建设美丽中国

中国特色社会主义所处的新时代，是由工业文明转向生态文明的时代，需要通过绿色发展推动生态文明建设。新时代的绿色发展不仅不能产生新的环境和生态问题，还要治理过去发展所遗留的生态环境问题。

1. 落实生态文明建设责任制

严格实行生态环境保护"党政同责""一岗双责"。加强地方党政干部对本行政区域生态环境保护的责任意识，坚决扛起生态环境保护政治责任，不折不扣地落实党中央关于打好污染防治攻坚战的各项决策部署，做到重要工作亲自部署、重大问题亲自过问、重要环节亲自协调、重要案件亲自督办。

2. 严格推进环保督察问责

完善生态保护考核制度，科学制定考核目标，严格实施考核，坚决杜绝"层层加码""数字环保""口号环保""形象环保"。统一生态环境政策规划标准制定、监测评估、监督执法、督察问责职能。组建生态环境保护综合执法队伍，统一行使生态和城乡各类污染物排放监管职责与行政执法。打好排查、交办、核查、约谈、专项督察组合拳，严格督察地方和部门贯彻落实党中央、国务院生态文明建设和生态环境保护决策部署，贯彻落实生态文明建设和生态环境保护责任制。

3. 完善环保经济政策

坚持以市场化办法解决环境保护和经济发展的平衡问题，加快推行排污许可制度，对排污企业实现"一证式"管理，推行生态环境损害赔偿制度，完善生态补偿机制；健全环保信用评价、信息强制性披露、严惩重罚等制度，强化信息公开和市场惩戒；建立稳定的生态环境保护资金投入机制，实行公共财政支付水平同治理绩效挂钩；健全生态环境保护经济政策体系，推进社会化生态环境治理和保护。

八、引导全社会形成良好消费风尚

扩大消费是满足人们日益增长的美好生活需要的实现途径。在增加居民可支配收入的同时,还要更好发挥消费对经济发展的基础性作用,要保持消费持续稳定增长,扩大有效消费,适应居民消费升级的需要。

1. 适度增加高质量消费的居民负债

为适应居民高质量消费需求,通过设计合理的消费贷款产品,可以有效增加居民支出,激发消费潜力,扩大有效消费。以常态化政策促进消费金融持续发展,积极构建系统的消费金融支持政策体系,鼓励商业银行和引导消费金融公司通过金融产品和服务创新来激发消费者的消费潜能,针对不同人群和不同收入家庭提供差异化、个性化消费金融产品和服务,以优惠价格、合理额度和良好服务,科学引导信用消费行为。

2. 引导社会形成良好消费风尚

在自己经济能力范围之内,提倡积极、合理的消费,充分发挥消费对生产的带动作用。提倡适度消费、理性消费,重视自身信用记录,克服从众心理、攀比心理等会导致消费者非理性消费行为的各种消费心理,在全社会形成良好的消费风气。

3. 加强青少年财商教育

青少年因自身经济实力、年龄和阅历等因素,接触理财产品类型相对较少,尚不能对资产配置需求做全盘的考虑,且不足以承担高风险高收益的复杂产品。为此,应鼓励引导青少年加强财商教育,提高财经素养,减少奢靡浪费,培育良好的消费观;引导青少年合理投资理财,提高投资理财及防范金融风险的能力,支持青少年进行创业投资等。

4. 提前应对老龄化挑战

应对人口老龄化挑战,美欧依靠引进移民,日本依靠延长退休,未来中国在放宽生育政策的同时,几乎必然走日本延迟退休的模式。要提升社会生产力,充分发挥科技创新的作用,提高生产力来抵消人口老龄化对经济发展的负面影响；要通过加快调整结构、壮大实体经济、促进居民消费等方式来适应人口老龄化问题对经济社会的冲击。还要完善老龄社会条件下的消费需求机制，完善社会保障、延迟退休、收入分配等制度，最大限度满足老龄人口的消费需求，发展银发经济，提升当前社会条件下的经济驱动力。

第三节 2020年实现全面建成小康社会目标的表述建议

距2020年全面建成小康社会目标还有不到两年时间，届时中国怎样向全世界宣布全面建成小康社会取得重大胜利将是重要的政治任务。而且，这一时间节点与第一个百年目标的完成情况紧密相关，怎样表述和宣布全面建成小康社会要提前统筹考虑，而且要审时度势择机而行。

一、两个百年目标的表述建议

党的十八大报告提出两个百年奋斗目标，一个是在党成立一百年时全面建成小康社会，即到2021年中国共产党成立一百年时，全面建成小康社会，国内生产总值和城乡居民人均收入比2010年翻一番。一个是在中华人民共和国成立一百年时建成富强民主文明和谐的社会主义现代化国家，即到2049年中华人民共和国成立一百年时，建成富强民主文明和谐的社会主义现代化国家，达到中等发达国家水平。党的十九大报告提出，从党的十九大到党的二十大，是"两个一百年"奋斗目标的历史交汇期。在这一段时期内，我们首先要完成全面建成小康社会的目标，即实现第一个百年奋斗目标，随后又要乘势而上开启全面建设社会主义现代化国家新征程，向第二个百年奋斗目标进军。

第一个百年目标的要求是，2018～2020年是全面建成小康社会决胜期。在这个决胜期，全国上下一盘棋，要按照党的十六大、十七大、十八大提出的全面建成小康社会各项要求，紧扣我国社会主要矛盾变化，统筹推进经济建设、政治建设、文化建设、社会建设、生态文明建设，坚定实施科教兴国战略、人才强国战略、创新驱动发展战略、乡村振兴战略、区域协调发展战略、可持续发展战略、军民融合发展战略，突出抓重点、补短板、强弱项，特别是当前要坚决打好防范化解重大风险、精准脱贫、污染防治的攻坚战，使全面建成小康社会得到人民认可、经得起历史检验。考虑到全面建成小康社会的节点是2020年，而第一个百年目标的节点时间是2021年，两个相同目标相差一年时间，在此期间需要斟酌选择合适的时间对外宣称目标实现的内容和方式。

二、全面建成小康社会目标完成的表述建议

建议在第一个百年目标节点（2021年建党100周年纪念大会）上，由中国共产党向社会正式宣布我国全面建成小康社会，即完成中国现代化建设的阶段性目标，除了向外界宣布我国全面建成小康目标取得的显著成绩之外，同时结合第二个百年目标宣布下一步建设现代化强国的计划安排。根据"十三五"规划全面建成小康社会的各项指标内容，重点从经济、科技、社会、文化、生态、政治等几个方面对外表述。

1. 经济实力

中国经济保持了中高速增长。在提高发展平衡性、包容性、可持续性基础上，到2020年国内生产总值和城乡居民人均收入比2010年翻一番，其中国内生产总值达到14万亿美元，占世界总量的20%，稳居世界第二位，人均GDP也已接近世界银行标准的高收入国家门槛水平。主要经济指标平衡协调，发展质量和效益明显提高。供给侧结构性改革取得重大进展，工业化基本实现，信息化水平大幅提升，产业迈向中高端水平，农业现代化进展明显，工业化和信息化融合发展水平进一步提高，先进制造业和战略性新兴产业加快发展，新产业新业态不断成长，服务业比重进一步提高。

经济发展协调性明显增强。消费对经济增长贡献继续加大，投资效率和企业效率明显上升。城镇化质量明显改善，户籍人口城镇化率加快提

高。农业现代化和乡村振兴战略成效显著，人口城镇化率已达到50%左右。区域协调发展新格局基本形成，发展空间布局得到优化。对外开放深度广度不断提高，全球配置资源能力进一步增强，进出口结构不断优化，国际收支基本平衡。

2. 科技水平

创新驱动成效显著。创新驱动发展战略深入实施，创业创新蓬勃发展，全要素生产率明显提高。科技与经济深度融合，创新要素配置更加高效，重点领域和关键环节核心技术取得重大突破，自主创新能力全面增强，综合国力显著增强，迈进创新型国家和人才强国行列。

3. 生活质量

人民生活水平和质量普遍提高。就业、教育、文化体育、社保、医疗、住房等基本公共服务均等化总体实现，人民群众吃、住、行等生活质量全面提升；公共服务体系更加健全，基本公共服务均等化水平稳步提高。教育现代化取得重要进展，劳动年龄人口受教育年限明显增加。就业比较充分，收入差距缩小，中等收入群体规模持续扩大，比重持续上升。我国现行标准下农村贫困人口实现脱贫，贫困县全部摘帽，解决区域性整体贫困。各项社会事业全面发展，社会保障制度实现全覆盖，进一步实现广大人民群众学有所教、劳有所得、病有所医、老有所养、住有所居，和谐社会建设迈出重大步伐。

4. 文明程度

国民素质和社会文明程度显著提高。物质文明和精神文明取得双丰收，中国梦和社会主义核心价值观更加深入人心，爱国主义、集体主义、社会主义思想广泛弘扬，向上向善、诚信互助的社会风尚更加浓厚，国民思想道德素质、科学文化素质、健康素质明显提高，全社会法治意识不断增强。公共文化服务体系基本建成，文化产业成为国民经济支柱性产业。中华文化影响持续扩大。

生态环境质量总体改善。生态文明建设取得显著成效。生产方式和生活方式绿色、低碳水平上升。能源资源开发利用效率大幅提高,能源和水资源消耗、建设用地、碳排放总量得到有效控制,主要污染物排放总量大幅减少。主体功能区布局和生态安全屏障基本形成。

5. 制度建设

各方面制度更加成熟、更加稳定。国家治理体系和治理能力现代化取得重大进展,各领域基础性制度体系基本形成。人民民主更加健全,法治政府基本建成,司法公信力明显提高。人权得到切实保障,产权得到有效保护。开放型经济新体制基本形成。中国特色现代军事体系更加完善。党的建设制度化水平显著提高。

民主政治得到广泛认可。人民群众平等参与、平等发展权利得到有效保证,社会公平正义得到有效维护。公共安全体系建设更加健全,平安中国建设水平不断提高。健康中国建设进一步取得成效。"和谐社会""平安社会""信用社会""法治社会""健康社会""幸福社会"基本实现。

三、第二个百年目标计划表述建议

在全面建设小康的基础上,在宣布完成第一个百年目标实现的同时,还要同时宣布第二个百年的行动计划和两个阶段目标实施的路线图,对外庄严宣布中国的发展主张,充分体现中国共产党的决心、信心和毅力。

根据党的十九大报告提出的两步走要求,进一步细化两个阶段要达到的现代化目标。特别是在错综复杂的形势下提出实现社会主义现代化的具体路径。第一个阶段,从2020~2035年,在全面建成小康社会的基础上,再奋斗十五年,基本实现社会主义现代化。届时,我国经济实力、科技实力将大幅跃升,跻身创新型国家前列;人民平等参与、平等发展权利得到充分保障,法治国家、法治政府、法治社会基本建成,各方面制度更加完善,国家治理体系和治理能力现代化基本实现;社会文明程度达到新的高度,国家文化软实力显著增强,中华文化影响更加广泛深入;人民生活更为宽裕，中等收入群体比例明显提高，城乡区域发展差距和居民生活水平差距显著缩小，基本公共服务均等化基本实现，全体人民共同富裕迈出坚实步伐；现代社会治理格局基本形成，社会充满活力又和谐有序；生态环境根本好转，美丽中国目标基本实现。第二个阶段，从 2035 年到 21 世纪中叶，在基本实现现代化的基础上，再奋斗十五年，把我国建成富强、民主、文明、和谐、美丽的社会主义现代化强国。届时，我国物质文明、政治文明、精神文明、社会文明、生态文明将全面提升，实现国家治理体系和治理能力现代化，成为综合国力和国际影响力领先的国家，全体人民共同富裕基本实现，我国人民将享有更加幸福安康的生活，中华民族将以更加昂扬的姿态屹立于世界民族之林。

参考文献

[1] 习近平. 决胜全面建成小康社会 夺取新时代中国特色社会主义伟大胜利——在中国共产党第十九次全国代表大会上的报告[J]. 中国人力资源社会保障, 2017 (11).

[2] 黄云霞. 浅析我国东西部经济发展差距[J]. 时代金融, 2018 (5).

[3] 王奕鋆. 金融发展、高端制造业集聚与地区经济发展差距——基于新经济地理学的分析框架以及来自中国 31 省市的证据[J]. 经济问题探索, 2017 (6).

[4] 杨解君. 当代中国发展道路及其推进方式的转变：绿色发展理念的法治化[J]. 南京社会科学, 2016 (10)：88-95.

[5] 黑晓卉, 宋振航, 张萌物. 我国绿色发展面临的困境及推进路径[J]. 经济纵横, 2016 (10)：15-18.

[6] 董萌萌. 我国地区发展差距与居民收入差距的变动分析[D]. 天津：天津大学, 2016.

[7] 陈建青, 王擎, 许韶辉. 金融行业间的系统性金融风险溢出效应研究[J]. 数量经济技术经济研究, 2015, 32 (9)：89-100.

[8] 胡承槐. 从马克思的历史总体观视角看国家治理体系现代化的内涵、实质和路径[J]. 浙江社会科学, 2015 (5)：4-12.

[9] 王国刚. 新常态下的金融风险防范机制[J]. 金融研究, 2015 (2)：16-22.

[10] 刘华军, 何礼伟. 中国地区差距及其演变（2000～2012）——基于地区发展与民生指数（DLI）的再考察[J]. 经济与管理评论, 2015,

31（1）：141-146.

[11] 陈仕龙. 论推进国家治理体系和治理能力现代化的意义、难点及路径［A］//江苏省社会科学界联合会. 江苏省第八届学术大会学会专场论文哲学社会类论文汇编［C］. 2014：11.

[12] 鲍勤, 孙艳霞. 网络视角下的金融结构与金融风险传染[J]. 系统工程理论与实践, 2014, 34（9）：2202-2211.

[13] 王来拴, 朱润喜. 东、中、西部地区经济发展差距分析[J]. 经济论坛, 2012（7）：8-13.

[14] 宫晓琳. 宏观金融风险联动综合传染机制[J]. 金融研究, 2012（5）：56-69.

[15] 王晓鸿, 王崇光. 我国东西部区域经济发展差距与对策研究——基于要素禀赋和政策视角[J]. 经济问题探索, 2008（5）：34-38.

[16] 王新怀. 我国地区发展差距现状及区域协调发展的建议[J]. 财经界, 2006（7）：14-18.

[17] 李会宁, 叶民强. 我国东中西部三地区经济发展差距分析[J]. 经济问题探索, 2006（2）：4-11.

[18] 肖玉明. 区域经济协调发展：理论、现状与对策[J]. 唯实, 2004（6）：41-45.

[19] 梁勇. 我国中西部地区与东部沿海地区发展差距分析及对策[J]. 贵州财经学院学报, 2000（3）：54-56.

[20] 尼合迈提·霍嘉. 我国东西部地区经济发展差距的成因及对策[J]. 经济科学, 1996（1）：60-63.

[21] 聂倩. 我国中西部地区经济发展差距分析[J]. 中州大学学报, 2018, 35（2）.

[22] 郭翔宇. 实施乡村振兴战略加快推进农业农村现代化[J]. 农业经济与管理, 2017（10）：22-24.

[23] 李培林. 着力解决全面建成小康社会的民生"短板"[J]. 求是, 2015（7）：26-28.

[24] 吴福象. 论供给侧结构性改革与中国经济转型——基于我国经济发展质量和效益现状与问题的思考[J]. 人民论坛·学术前沿, 2017 (1): 46-55.

[25] 魏后凯. 实施乡村振兴战略的科学基础和重点任务[J]. 团结, 2018 (1): 27-31.

[26] 辛向阳. 破解制约全面建成小康社会的发展短板和问题[J]. 中国特色社会主义研究, 2017 (1): 10-15.

[27] 韩文秀. 决胜全面建成小康社会[J]. 党建研究, 2017 (12): 16-18.

[28] 陈彦斌, 刘哲希. 中国企业创新能力不足的核心原因与解决思路[J]. 学习与探索, 2017 (10): 115-124.

[29] 陈娟. 政府公共服务供给的困境与解决之道[J]. 理论探索, 2017 (1): 92-98.

[30] 王书伟. 全面建成小康社会面临的问题与对策[D]. 郑州: 郑州大学, 2017.

[31] 张永亮. 论贫困农户自我发展能力提升[J]. 湖南社会科学, 2018 (1): 56-61.

[32] 方兴起. 防范系统性金融风险是金融监管的永恒主题[J]. 福建论坛（人文社会科学版）, 2018 (1): 13-19.

[33] 满明俊. 全面支持乡村振兴战略谱写农村金融新篇章[J]. 农村金融研究, 2018 (2): 30-35.

[34] 许欣驰. 习近平法治国家建设思想研究[D]. 大连: 大连海事大学, 2017.

[35] 冯志彪. 全面建成小康社会决胜阶段的基本特征和重大难题的突破[D]. 重庆: 西南大学, 2017.

[36] 朱敏. 新时代经济学: 融资环境与创新驱动研究[J]. 新经济导刊, 2018 (Z1).

[37] 中共中央, 国务院. 国家创新驱动发展战略纲要 [EB/OL].

国务院新闻办公室网站，2016-05-20.

[38] 肖宏伟. 我国全面建成小康社会评价指标体系研究[J]. 发展研究，2014（9）：27-34.

[39] 赵紫燕，于晓萍，董惠敏，赵博艺. 中国的全面小康指数——指标体系建构及综合评价[J]. 国家治理，2016（32）.

[40] 宋林飞. 中国小康社会指标体系及其评估[J]. 南京社会科学，2010（1）：6-14.

[41] 国家发展改革委宏观经济研究院课题组. 全面建设小康社会指标体系的主要观点[J]. 红旗文稿，2006（6）：35-38.

[42] 沈家文. 唐山市推进全面开放新格局研究[J]. 全球化，2017（12）：92-104.

[43] 韩长赋. 着力推进农业供给侧结构性改革［C］. 第十六届中国农业园区研讨会，2016.

[44] 李毅中. 坚持和完善基本经济制度推进企业改革[J]. 全球化，2014（2）：5-14.

[45] 中共中央，国务院. 关于深入推进农业供给侧结构性改革 加快培育农业农村发展新动能的若干意见[J]. 农村实用技术，2017（5）.

[46] 濮海虹. 推进上海基本公共服务全覆盖[J]. 科学发展，2017（12）：95-103.

[47] 刘小宁. 东北三省固定资产投资研究[J]. 边疆经济与文化，2018（2）：11-14.

[48] 张兆同. 江苏区域制造业产业发展研究[D]. 南京：南京农业大学，2007.

[49] 高浩翔. 现代青年农场主政治素养研究[D]. 合肥：安徽农业大学，2017.

[50] 陈姝颖. 智慧城市理念与未来佛山发展[J]. 佛山研究，2016（10）.

[51] 周喜应. 实施乡村振兴战略必须从五个方面狠抓落实 有效实

施乡村振兴战略 扎实推进农业农村现代化[J].种子科技,2018(3).

[52] 米广峰.加速推进新型工业化实现河北省绿色崛起[J].经济论坛,2014(3):23-28.

[53] 黄桂林,徐庆元,李玉祥.双台河口自然保护区功能区划和管理对策[J].林业资源管理,2000(6):44-46.

[54] 曾杰.辽宁省经济开放度现状、问题及提升对策[J].鞍山师范学院学报,2017,19(1):20-24.

[55] 麻武成.加强政府在公共服务领域管理角色定位[J].改革与开放,2013(12).

[56] 丁奇.整合性乡村景观规划研究[D].北京:北京林业大学,2014.

[57] 赵积伦,谢补庆.着力打造现代产业升级版——实现晋城装备制造业转型跨越发展的调研报告[J].前进,2013(7):27-29.

[58] 马敬盼.建三江垦区耕地利用转型研究[D].哈尔滨:东北农业大学,2017.

[59] 梁建柏.构建三大体系推进农业现代化[J].民心,2016(8):40.

[60] 陈建辉.东北地区民营经济发展的困境与出路[J].中国发展观察,2017(6):47-49.

[61] 季晓南.国企全面深化改革的大思路和新实践[J].财经界,2017(11).

[62] 付杰文.基于SWOT分析法的新东北振兴战略分析[J].对外经贸,2017(2):87-89.

[63] 耿媛.全面建成小康社会决胜阶段面临的挑战及对策研究[D].喀什:喀什大学,2017.

[64] 吕书正.中国现代化进程中的小康社会[D].北京:中共中央党校,2000.

[65] 陈友华.全面小康的内涵及评价指标体系构建[J].人民论坛·学术前沿,2017(9):80-89.

[66] 陈光林. 从唯物史观的视野认识全面建成小康社会[J]. 求是，2015（9）.

[67] 中央党校中国特色社会主义理论体系研究中心. 正确理解如期全面建成小康社会[J]. 求是，2015（5）.

[68] 张高丽. 开启全面建设社会主义现代化国家新征程[N]. 人民日报，2017-11-08.

[69] 魏礼群. 由经济大国到经济强国的发展战略[J]. 全球化，2013（6）：6-23.

[70] 马晓河. "十三五"时期我国经济社会发展面临的机遇与挑战[J]. 前线，2015（6）：17-19.

[71] 蔡昉. 如何让新型城镇化走得更远[N]. 学习时报，2018-04-27.